重理解的課程設計——
專業發展實用手冊

Understanding by Design
Professional Development Workbook

Jay McTighe & Grant Wiggins　著

賴麗珍　譯

Professional Development

Workbook

作者簡介

Jay McTighe

　　Jay McTighe 有充實而多元的教育生涯，並從中發展出豐富的經驗。他目前是馬里蘭州評量協會（Maryland Assessment Consortium）的主任，該協會是由各學區共同組成，旨在合作發展及分享實作評量。在接任這個職位之前，McTighe 曾參與馬里蘭州教育廳的學校改進計畫。他以思考技巧教學輔導專家著稱，曾協調全州學區的力量發展教學策略、課程模式和評量程序，以改進學生的思考能力。McTighe 也同時指導「教學架構」（Instructional Framework）的發展，這是一個以教學為題的多元媒體資料庫。除了州層級的工作之外，McTighe 曾在馬里蘭州喬治王子郡（Prince George's County）學區擔任過學校教師、教學資源專家、課程協調員（program coordinator），也曾經擔任過馬里蘭州資優兒童暑期教育中心（Maryland Summer Center for Gifted and Talented Students）的主任──該中心是由聖瑪莉學院（St. Mary's College）所提供的全州住宿式充實課程。

　　McTighe 曾經在著名的期刊發表過論文，並參與專書的寫作。期刊部分包括《教育領導》（*Educational Leadership*）〔美國教育視導與課程發展協會（Association for Supervision and Curriculum Development, ASCD）發行〕、《發展心智》（*Developing Minds*，ASCD 發行）、《思考技能：概念和技術》（*Thinking Skills: Concepts and Techniques*）〔全國教育學會（National Education Association, NEA）發行〕，以及《發展者》（*The Developer*）〔全國教師發展協會（National Staff Development Council）發行〕。他也是三本評量方面專書的共同作者，包括：《評量課堂中的學習》（*Assessing Learning in the Classroom*，NEA 出版）、《評量學生學習結果：使用學習層面模式的實作評量》（*Assessing Student Outcomes: Performance Assessment Using the Dimensions of Learning Model*，ASCD 出版），以及《改進及評量學生實作表現的評鑑工具》（*Evaluation Tools to Improve as Well as Evaluate Student Performace*，Corwin 出版）。他和 Grant Wiggins 共同撰寫《重理解的課程設計——專業發展實用手冊》（*Understanding by Design Professional Development Workbook*，ASCD 出版）和《重理解的課程設計手冊》（*The Understanding by Design Handbook*，ASCD 出版），以及其他由 ASCD 出版之重要相關專書。

McTighe 在教師發展方面有相當廣泛的背景，經常在全國、各州，以及學區的會議和工作坊擔任演講人。他也是錄影帶課程的主講人和顧問，包括《課堂教學的實作評量》（*Performance Assessment in the Classroom*）〔錄影式教育期刊社（Video Journal of Education）出版〕、《編製實作評量》（*Developing Performance Assessments*，ASCD 出版），以及《重理解的課程設計》錄影帶系列（影帶一至三輯）（ASCD 出版）。

McTighe 從威廉瑪莉學院（College of William and Mary）獲得學士學位、從馬里蘭大學獲得碩士學位，以及在約翰霍普金斯大學完成其碩士後研究課程。求學期間，他曾被華盛頓特區的「教育領導研究所」（Institute for Educational Leadership）推選參加「教育政策獎學金課程」（Educational Policy Fellowship Program）。McTighe 曾經擔任全國評量論壇（The National Assessment Forum）的會員，此論壇由教育組織和民權組織共同成立，旨在鼓吹革新全國、各州，以及地方的評量政策與實務之革新。他也已經完成 ASCD 出版委員會三年期的委員職務，期間並擔任該委員會一九九四至九五年的主席一職。

McTighe 的連絡地址是：「6581 River Run, Columbia, MD 21044-6066」，連絡電話是：(410)531-1610，電子郵件是：jmctigh@aol.com，網址則是：jaymctighe.com。

Grant Wiggins

Grant Wiggins 是「真實教育」（Authentic Education）公司的總裁，該公司位在紐澤西州蒙毛斯叉口鎮（Monmouth Junction）。就不同的改革問題，他對學校、學區、州教育廳等，提供顧問服務、籌劃會議和工作坊，以及根據重理解的課程設計編寫關於課程改變的書面教材和網路資源。Wiggins 的工作一直受到普義慈善信託基金會（Pew Charitable Trusts）、吉拉丁·達吉基金會（Geraldine R. Dodge Foundation）、全國科學基金會（National Science Foundation），以及州教育委員會等組織贊助。

在過去十五年之間，Wiggins 曾經從事國內最具影響力的某些改革行動，包括佛蒙特市學習檔案評量辦法（Vermont's portfolio system）和菁英教育學校聯盟（Coalition of Essential Schools）。他設立了一個致力於革新教學評量的全州協會，並且為北卡羅萊納州和紐澤西州擬訂實作本位及教師執行的學習檔案評量準則。

Wiggins是《教育評量》及《評量學生實作表現》（*Educative Assessment* and *Assessing Student Performance*）二書的作者；他的學術文章也刊登在《教育領導》和 Phi Delta Kappan 期刊上。

Wiggins 的工作係以十四年的中學教學和學習指導經驗為基礎，他教英文和哲學選修課，擔任全國英式足球代表隊，以及初中棒球代表隊和田徑隊的教練。二〇〇二年，Wiggins 是紐澤西學院的駐校學者（Scholar in Residence），他從哈佛大學獲得教育博士學位，從安那波利斯的聖約翰學院（St. John's College in Annapolis）取得藝術學士學位。工作之餘，他也在海斯平（Hazbins）搖滾樂團演奏吉他和演唱。

Wiggins 的連絡地址是：「Authentic Education, 4095 US Route 1, Box 104, Monmouth Junction, NJ 08852」，電話是：(732)329-0641，電子郵件是：grant@authenticeducation.org。

譯者簡介

　　賴麗珍，美國威斯康辛大學麥迪遜校區教育博士，主修成人暨繼續教育，曾任職於台北市教育局、台灣師範大學圖書館（組員）及輔仁大學師資培育中心（副教授）。研究興趣為學習與教學、教師發展及創造力應用。

　　譯有《教師評鑑方法：結合學生學習模式》、《有效的班級經營：以研究為根據的策略》、《教學生做摘要：五十種改進各學科學習的教學技術》、《班級經營實用手冊》、《增進學生的學習動機：150 種策略》、《創意思考教學的 100 個點子》、《思考技能教學的 100 個點子》、《重理解的課程設計》、《善用理解的課程設計法》、《重理解的課程設計：專業發展實用手冊》、《教師素質指標：甄選教師的範本》、《激勵學習的學校》、《教養自閉症兒童：給家長的應用行為分析指南》、《你就是論文寫手：高產量學術寫作指南》、《所有教師都應該知道的事：教學計畫》、《所有教師都應該知道的事：特殊學生》（以上皆為心理出版社出版）。

謝詞

　　多到無法一一提及的許多人士，都曾經幫助筆者發展及改進《重理解的課程設計——專業發展實用手冊》一書之概念和內容。儘管如此，少數人士值得特別誌謝。首先，我們特別感激「重理解的課程設計」（Understanding by Design, UbD）核心訓練小組的成員，包括：John Brown、Ann Cunningham-Morris、Marcella Emberger、Judith Hilton、Catherine Jones、Everett Kline、Ken O'Connor、Jim Riedl、Elizabeth Rutherford、Janie Smith、Elliott Seif、Michael Short、Joyce Tatum，和Allison Zmuda。這些夥伴根據實施 UbD 專業發展活動的廣泛經驗，提供有用的回饋和引導，其結果是：使本書有更精確的用語、更清晰的舉例、更具支持力的鷹架作用（Scaffalding）。我們也特別感謝在本書即將完成時，Elliott和 Allison 在無數小時的評論和對話過程中所提供的有用建議。

　　筆者也要衷心感謝曾經參與過 UbD 工作坊和研習會的幾千名教育人員，他們提出的有用回饋和深入問題，以及在設計上遇到的困難，在在都幫助我們形塑及深化這本書的內容。

　　就像《重理解的課程設計》（Understanding by Design）一樣，如果不是 Sally Chapman 在 ASCD 所提供的無盡支持和熱忱，本書無法出版。Sally 是第一位對《重理解的課程設計》這套綜合的資源書有遠見的人，而且相信我們能完成著書之旅。我們非常感謝她。

　　筆者也要感謝主編 Darcie Russell 和圖表設計者 Reece Quinones，謝謝他們有能力將龐雜的手稿處理成設計良好的最後成品。Darcie 與她的編輯群值得大力稱讚，因為他們以耐心和天生的善解來應付筆者無止境的修改稿件習慣。對他們的彈性和才能而言，手稿反而更有利。

　　最後，筆者要再次謝謝家人容忍無止境的電話、容忍我們在馬里蘭州和紐澤西州之間來回奔波，以及容忍我們出外推廣及修訂書中內容所花掉的時間。我們相信家人們——能再度——理解。

目錄

導論──逆向設計法的邏輯

導論

　　基本上，《重理解的課程設計——專業發展實用手冊》的編寫目的，是在作為工作坊學員的參考資料，以及大學部或研究所課程的學習資源。筆者也有意透過本書對發展課程及評量的教師提供支持，因為這些教師的課程設計焦點在於發展及深化學生對重要概念的理解。這本實用手冊的內容建立在姊妹作《重理解的課程設計》（*Understanding by Design*, 心理出版社 2008 年出版），所提到的概念，但強調的重點則是課程設計的實務問題。

　　為促進讀者學習及應用《重理解的課程設計》的概念，這本實作手冊包含了以下六類資料：

1. 課程設計範例——以三階段逆向設計為基礎的實用組體，這些階段係用來發展某個單元或科目，提供的 UbD 實例則有一頁、兩頁，以及六頁的版本。
2. 課程設計標準——標準係用於檢討課程設計，以持續改進。UbD 的標準能指引自評和同儕評論，藉此，教師能對同儕的課程設計相互提供回饋和指導。
3. 練習及程序類工具——啟發式工作坊活動，用來發展及深化學員對 UbD 關鍵概念之理解，包括一套檢討及反省的工具。
4. 課程設計工具——一系列可利用的實用表單和圖表組體，用來協助課程設計者做每個階段的逆向設計。
5. 實例——來自各學科領域和年級的多種實例，這些實例說明各種以理解為本的課程設計之要素。
6. 詞彙——定義關鍵術語。

　　筆者也建議讀者利用「重理解的課程設計交流網站」（http://ubdexchange.org），這個網站的特色是：根據逆向設計而完成的電腦化課程設計範例、可依 UbD 格式查詢的課程單元和評量任務資料庫，以及以課

導論

重理解的課程設計——專業發展實用手冊

階段一

階段二

階段三

同儕評論

練習

作業單

詞彙

程設計標準為依據的線上教案評論程序。此外，該網站提供給會員的資源尚包括常見問題集——例如其他支援型網站的熱門連結，以及來自學科專家的教案評論意見。

一、結果對過程

對使用本手冊的讀者而言，區辨課程設計目標——產生三個階段連結明確的一致化設計結果——和課程設計過程之差別，是件重要的事。請利用類比把課程設計想成是兩座分開的書檔。第一座書檔是以 UbD 範例格式完成的設計結果；第二座書檔是一套用來檢討（及改善）課程設計的標準。兩者之間的所有事件都是過程，包括工具的使用、設計程序的進行、實例的研究等。讀者會注意到，UbD 的設計工具包括連結到設計範例上對應欄位的英文字母代碼，以幫助讀者了解過程—結果之連結。

筆者在實例、練習，以及設計工具的選擇上，盡量涵括一切，因為這些都無法一體適用於所有課程。畢竟，課程設計工作有其獨特性：就像在獨特情境中有各類讀者存在，設計者偏好的起點活動、教學順序，以及使用的工具也都各不相同。

我們發現，視課程內容和個人偏好的風格而定，不同的人會對不同的方法及工具產生共鳴。例如，對於排列課程的優先順序及找出值得理解的「大概念」，逆向設計的第一個階段有六種不同的設計工具，雖然已證明每一種工具在某個時間對某些人有用，但是課程設計者極少各種工具都用上。

因此，我們鼓勵讀者選擇只採用那些對他們有用的方法和工具，切勿急於應用每一頁列出的工具，或者想填滿設計單上的所有空欄。換言之，隨時謹記課程設計的目的和結果，不要迷失在細節之中！

二、順序

課程設計不僅有其個別特性，同時也是重複的過程。雖然逆向設計的三個階段蘊含了清楚的邏輯，但其過程並不侷限在線性的步驟。因此，本書讀者毋需覺得應按固定順序讀完整本書的內容，事實上，有效率的課程設計者發現，他們經常會根據個人的反省、來自他人的回饋，

以及身為學習者的經驗，繞回到課程設計的某些方面，這些方面需要全面重新檢討或重新思考。

因此，設計單元或科目更像是在空白的畫布上做畫，而不是按人數畫畫；更像是以可用的食材烹飪而非依照食譜做菜。身為教育課程的設計者，我們就像是設計藍圖的建築師，建築師無法（一口氣）聆聽客戶的需求，又同時檢視建築法規、研究建材和人工費用，以及按照步驟化的指南設計藍圖。藍圖的產生係透過試驗想法、獲得回饋，以及使建議的想法符合可用的建築空間及客戶需求。每一個設計上的想法會影響其他的想法，然後產生更新的、也許出乎客戶反應的想法——客戶要求更多的變化。

另一方面，房舍建築有一些極重要的既定條件：建築法規、預算、房間數。建築設計的挑戰任務是，在探索想像到的可能方案之時也確保遵循所有既定條件。課程設計也是一樣，設計者可以想像出各式各樣的美妙方案，但是關於學習活動的新想法，可能需要重新思考已草擬的評量計畫。此處也存在的既定條件包括：州定學科學習標準、實際的時間和資源限制、學生的學業成就水準，以及學生的學習興趣——我們所想像的方案必須和這些條件保持平衡。

因此，本書不提供也無法提供設計單元或科目的步驟化程序，這些程序也不會超出既有的、極簡單的建築藍圖設計程序。我們所做的是按照逆向設計的三個階段組織本書內容，但也允許設計者從不同的地方開始，然後循著不同途徑達成相同的目的——符合課程標準的完整課程設計。

筆者無意要求參加專業發展工作坊的學員和修讀大學課程的學生要從頭到尾讀完本書，相反地，筆者希望讀者將本書視為工具書，循序選擇課程設計工作上合用的工具。

我們盼望並相信，本書的練習、實例、課程設計範例、設計的工具，以及課程設計的標準，能導致課程設計的改善——單元和科目明確聚焦在值得理解的重要問題和大概念上，能產生更多學生理解概念的可信證據，以及能產生更多同時吸引師生的教學及學習活動。最後，在學生學習及學業表現方面，能產生更多可觀察、可評量的進步。

重理解的課程設計——專業發展實用手冊

某個社會科單元

主題
向西遷徙和大草原的生活 社會科——三年級

活動

1. 閱讀教科書「大草原的生活」這一章，然後回答此章後面所附的問題。

2. 閱讀及討論《又高又醜的莎拉》（*Sara Plain and Tall*）這本書，然後完成取自該故事詞彙的墾拓者字謎遊戲。

3. 製作一個墾拓者生活的記憶盒，裡面裝著對孩子來說，可以反省西部之旅或大草原生活的人造物品。

4. 參與大草原日之活動：穿上墾拓者的服裝然後完成下列各關的學習。

  (1)攪拌奶油

  (2)玩十九世紀的遊戲

  (3)以封蠟寄出一封家書

  (4)玩「裝扮墾拓者」的電腦遊戲

  (5)做一個玉米棒娃娃

  (6)縫被子

  (7)給錫罐打洞

評量

1. 取自《又高又醜的莎拉》的墾拓者詞彙隨堂測驗

2. 回答本章後面關於墾拓者生活的問題

3. 展示及說明記憶盒的內容

4. 在大草原日完成七關的學習活動

5. 學生對本單元的反省

活動導向的設計
（進行逆向設計之前）

階段一：期望的學習結果

既有目標（**E**stablished **G**oals）：

主題：向西遷徙和大草原的生活

理解事項（**U**nderstanding）：

學生將理解……

主要問題（**E**ssential **Q**uestions）： **Q**

學生將知道（Students will **K**now...）…… **K**

1. 關於大草原生活的事實資訊
2. 關於墾拓者的語彙
3. 《又高又醜的莎拉》之故事

學生將能夠（Students will be able to...）……

階段二：評量結果的證據

實作任務（**P**erformance **T**asks）： **T**

其他證據（**O**ther **E**vidence）： **OE**

1. 展示、介紹記憶盒及其內容：你會放入哪些物品？為什麼？
2. 取自《又高又醜的莎拉》的墾拓者詞彙之隨堂測驗。
3. 從教科書這一章的內容，回答關於《又高又醜的莎拉》之事實型問題。
4. 對本單元的書面反省。

階段三：學習計畫

學習活動（**L**earning **A**ctivities）：

1. 閱讀教科書「大草原的生活」這一章，然後回答此章後面所附的問題。
2. 閱讀《又高又醜的莎拉》，然後完成墾拓者詞彙的字謎遊戲。
3. 製作一個墾拓者生活所用的皮箱，裡面裝著你為新生活之旅可能攜帶的物品。

4. 大草原日活動：
   (1)攪拌奶油
   (2)玩十九世紀的遊戲
   (3)以封蠟寄出一封家書
   (4)玩「裝扮墾拓者」的電腦遊戲
   (5)做一個玉米棒娃娃
   (6)縫被子
   (7)給錫罐打洞

經過逆向設計之後

階段一：期望的學習結果

既有目標：

2D——說明西部的誘惑，同時比較移民者的幻想和邊境的現實情況。
5A——證明理解現在及很久之前在美國境內的大量人群遷徙情況。

資料來源：美國歷史科全國課程標準

理解事項：

學生將理解……

1. 許多墾拓者對於遷徙西部的機會和困難有著天真的想法。
2. 人們為不同的理由而遷徙——為新的經濟機會、為更大的自由或為逃離某些事。
3. 成功的墾拓者依賴勇氣、聰明，以及合作來克服困難和挑戰。

主要問題：

1. 人們為什麼遷徙？墾拓者為什麼要離家朝西部遷居？
2. 地理和地形如何影響旅遊和定居？
3. 為什麼有些墾拓者能生存繁衍，有些墾拓者則否？
4. 什麼是墾拓者？什麼是「墾拓者精神」？

學生將知道……

1. 關於向西遷徙和大草原生活的關鍵事實。
2. 有關墾拓者的詞彙。
3. 基本的地理（如：墾拓者的旅行路線及其定居的地點）。

學生將能夠……

1. 在情境中辨認、界定，以及使用墾拓者的詞彙。
2. 利用（指導下的）研究技巧來發現墾拓者在篷車隊和大草原上的生活。
3. 以口頭和書面方式表達研究發現。

階段二：評量結果的證據

實作任務：

1. 創造一場包括人工物品、圖畫、各篇日記的博物展示，以描述定居在大草原的某個家庭其一週的生活（今日民眾對於大草原的生活和向西遷居有哪些常見的誤解？）。
2. 選一天寫一封信（每封信代表一個月的旅程）給某位「遠在東部」的朋友，描述你在篷車隊及大草原上的生活。說出你的希望和夢想，然後說明在邊境生活的真實情況（學生也可以畫圖及口頭說明）。

其他證據：

1. 以口頭或書面方式回答主要問題的某一題。
2. 以繪圖顯示墾拓者的艱困生活。
3. 關於向西擴展、大草原生活、基本地理的測驗。
4. 在情境中使用墾拓者有關的詞彙。
5. 說明記憶盒的內容。

階段三：學習計畫

學習活動：

1. 使用「K-W-L」來評量學生的先備知識，以及找出本單元的學習目標。
2. 修正大草原日的活動（如：以「奧瑞崗第二條小徑」取代「裝扮墾拓者」的電腦模擬遊戲，然後要求學生播放模擬結果時要加上學習日誌。
3. 包括其他小說的閱讀，這些閱讀能連結到所確認的學科學習標準或理解事項（如：大草原上的小屋、罐中的奶油）。
4. 創作某個墾拓者家庭其向西旅程的時間線地圖。
5. 加入非小說資源以適應學生的不同閱讀程度，例如：「奧瑞崗小徑上的生活」、「女墾拓者與達柯塔獨木舟的日記」。指導學生使用不同的學習資源來研究這個時期。
6. 在學生開始進行實作任務之前，檢討記憶盒、博物展示、寫信和寫日誌的評分指標。給學生機會來研究這些成品的舉例。

導論　階段一　階段二　階段三　同儕評論　練習　作業單　詞彙

經過逆向設計之後（續）

階段一：期望的學習結果

既有目標：

2D——學生能分析不同群體之間的文化互動（思考多元觀點）。

資料來源：美國歷史科全國課程標準，第 108 頁

理解事項：

學生將理解……

在西部定居會影響到住在平原的美國原住民部落之生活型態和文化。

主要問題： Q

1. 這是誰的「故事」？
2. 在西部定居的過程中誰是贏者、誰是輸者？
3. 當文化產生衝突時會發生什麼事？

學生將知道……

關於草原區美國原住民部落及其與殖民者的互動之關鍵事實資訊。

學生將能夠……

階段二：評量結果的證據

實作任務： T

想像你是年長的部落成員，曾經親身目睹「墾拓者」在平原的定居過程。請向八歲孫女訴說關於這些殖民者如何影響你的生活之故事（這項實作任務可以採用口頭或書面方式完成）。

其他證據： OE

關於草原區美國原住民部落之事實的隨堂測驗。

階段三：學習計畫

學習活動：

1. 籌劃一個模擬美國草原區原住民部落的長老會議，以作為使學生考慮某個不同觀點的方法。

2. 討論：「當受到土地重新分配的威脅時，我們應該怎麼做——戰鬥、逃跑或同意遷徙（到保留區）？每種行動對我們的生活會有什麼影響？」

教科書導向的設計
（進行逆向設計之前）
幾何學

階段一：期望的學習結果

既有目標： **G**

主題：表面積和體積（幾何學）

理解事項：	主要問題：
學生將理解……	

學生將知道…… **K**	學生將能夠…… **S**
1. 為不同的三維圖形計算表面積和體積 2. 卡瓦列利原理 3. 其他的體積和表面積公式	1. 使用卡瓦列利原理來比較體積大小 2. 使用其他的體積和表面積公式來比較形狀差異

階段二：評量結果的證據

實作任務： **T**	其他證據：
	1. 全章複習題中的單數問題（第 516-519 頁） 2. 自我測驗方面的進步（第 515 頁） 3. 回家作業：各章分段複習題的第三道問題及所有的探索題

階段三：學習計畫

學習活動： **L**

1. 閱讀 UCSMP 幾何學的第 10 章。
2. 探索第 482 頁的第 22 題：「容量較小的容器可以透過使其形狀又長又薄，而看起來容量更大。請提出一些實例。」
3. 探索第 509 頁的第 25 題：「不像圓錐體或圓柱體，要為球體製作二維的網是不可能的。因此，地球的地圖是扭曲的。麥卡托投影法是顯示地球形狀的方法之一，這個投影如何做成？」

經過逆向設計之後

幾何學

階段一：期望的學習結果

既有目標：

IL MATH 7C3b、4b：使用模型和公式來算出表面積和體積。

IL MATH 9A：建構二維或三維的模式；畫出透視圖。

資料來源：伊利諾州數學科課程標準

理解事項： Ⓤ	主要問題： Ⓠ
學生將理解……	1. 單純的數學問題在真實情境中會有多雜亂？
1. 將數學模式和概念用於人的問題，必須小心判斷和注意其影響結果。	2. 何時最好的數學答案並非某個問題的最佳解決方案？
2. 將三維形狀畫成二維（或將二維畫成三維）可能會造成扭曲。	
3. 有時最佳的數學答案並非真實問題的最佳解決方案。	

學生將知道…… Ⓚ	學生將能夠…… Ⓢ
1. 如何計算表面積和體積的公式	1. 計算不同三維圖形的表面積和體積
2. 卡瓦列利原理	2. 使用卡瓦列利原理來比較體積

階段二：評量結果的證據

實作任務： Ⓣ	其他證據： ⓄⒺ
1. 包裝問題：對於以符合成本效益的方式將大量的 M&M 包裹運送到商店而言，哪些是最理想的容器？（請注意，「最佳的」數學答案——球體——不是這個問題的最佳解決方案。）	1. 全章複習題中的單數問題（第 516-519 頁）
2. 身為聯合國的顧問，請提出爭議最少的二維世界地圖，並說明你所持的數學論據。	2. 自我測驗方面的進步（第 515 頁） 3. 回家作業：各章分段複習題的第三道問題及所有的探索題

階段三：學習計畫

學習活動： Ⓛ

1. 研究各種容器的表面積和體積之關係（如：鮪魚罐、麥片盒、品客洋芋片盒、糖果盒）
2. 研究不同的地圖投影法以判斷其數學正確性（如：扭曲的程度）

(1) 閱讀 UCSMP 幾何學的第 10 章
(2) 第 504 頁探索題第 22 題
(3) 第 482 頁探索題第 22 題
(4) 第 509 頁探索題第 25 題

導論
階段一
階段二
階段三
同儕評論
練習
作業單
詞彙

UbD：逆向設計的各階段

1. 確認期望的學習結果。

2. 決定可接受的學習結果。

3. 設計學習經驗及教學活動。

逆向設計法包含三個一般的階段

階段一：確認期望的學習結果。在階段一，我們考慮的是教學目標。哪些是學生應該知道、應該理解，以及應該表現的能力？哪些大概念值得理解，並且已在既有目標（如學科學習標準、課程目標）中指出？我們期望學生具備哪些「持久的」理解？哪些引起爭論的問題值得探討，以引導學生探究這些大概念？課程目標瞄準哪些特定的知識和技能，並且要求學生做出有效的學習表現？

階段二：決定可接受的學習結果。在階段二，我們考慮的是學習的結果。我們如何知道學生是否達成期望的結果和學科學習標準？我們如何知道學生「真的」理解教師選出的大概念？哪些證據能證明被我們接受的精熟學習？逆向設計法暗示，我們根據所需蒐集的評量證據思考課程設計，以記錄及證實階段一的期望結果已經達成。

階段三：設計學習經驗及教學活動。找出學習目標及合適的理解證據之後，此時應該確定最後的學習活動設計。哪些是需要教導學生具備的能力，而按照學習表現的目標，這些能力的最佳教學方式是什麼？什麼樣的教學活動順序最適合期望的結果？在設計學習活動時，我們將（如下所述的）WHERETO 要素視為準則，這些準則可以總結成一道問題：考慮到課程目標及所需的證據，我們如何使學習活動既有效又吸引人？

一頁式範例

階段一：期望的學習結果

既有目標： **G**

理解事項： **U**　　　　　**主要問題：** **Q**

學生將理解……

學生將知道…… **K**　　　　　學生將能夠…… **S**

階段二：評量結果的證據

實作任務： **T**　　　　　**其他證據：** **OE**

階段三：學習計畫

學習活動： **L**

含課程設計問題的一頁式範例

階段一：期望的學習結果

既有目標：

這項課程設計工作處理哪些相關的目標（如：學科學習標準、科目或課程的目標、學習結果）？

理解事項：	**主要問題：**
學生將理解……	哪些有啟發性的問題可以增進探究、增進理解、增進學習遷移？
1. 哪些是大概念？	
2. 期望學生理解的是哪些具體的大概念？	
3. 哪些錯誤概念是可以預測到的？	

學生將知道……	**學生將能夠……**
1. 由於本單元的學習，學生將習得哪些關鍵的知識和技能？	
2. 由於習得這些知識和技能，他們最終將有什麼樣的能力表現？	

階段二：評量結果的證據

實作任務：	**其他證據：**
1. 學生將透過哪些真實的實作任務來表現期望的學習結果？	1. 學生將透過哪些其他的證據（如：隨堂測驗、正式測驗、開放式問答題、觀察報告、回家作業、日誌等）來表現達成期望的學習結果？
2. 理解能力的實作表現會以哪些效標來判斷？	2. 學生將如何反省及自我評量其學習？

階段三：學習計畫

學習活動：

哪些學習活動和教學活動能使學生達到期望的學習結果？這項課程設計將：

W＝幫助學生知道這個單元的方向（where）和對學生的期望（what）？幫助教師知道學生之前的狀況（where；之前的知識和興趣）？

H＝引起（hook）所有學生的興趣並加以維持（hold）？

E＝使學生做好準備（equip），幫助他們體驗（experience）關鍵概念的學習並探索（explore）問題？

R＝提供學生機會以重新思考（rethink）及修正（revise）他們的理解和學習？

E＝允許學生評鑑（evaluate）自己的學習及學習的涵義？

T＝依學習者的不同需求、不同興趣、不同能力而因材施教（tailored；個人化）？

O＝教學活動有組織（organized），使學生的專注和學習效能達到最大程度並繼續維持？

連結：逆向設計的邏輯
向西遷徙和大草原的生活
（期望的學習結果暗示了什麼？）

階段一	階段二	階段三
如果期望的學習結果是要學生……	那麼你需要證據證明學生有能力……	因此，學習活動必須……
理解…… (U) 1. 到西部殖民犧牲了許多人命，也使眾人遭遇許多困難。 2. 許多墾拓者對於遷徙西部的機會和困難有著天真的想法。 3. 成功的墾拓者依賴勇氣、聰明，以及合作來克服困難和挑戰。 **審慎思以下問題……** (Q) 1. 人們為什麼遷徙？墾拓者為什麼要離開家園朝西部遷居？ 2. 什麼是墾拓者？ 3. 為什麼有些墾拓者能生存繁衍，有些則否？	1. 瀏覽第一手和第二手的說明，以推論殖民者為什麼難開家園向西遷徙，以及墾拓者的生活像什麼。 2. 關於西進運動和墾拓者的生活，選出適當的資訊來源（如：圖書館的資訊和網路資訊）。 3. 在不同的情境中正確使用墾拓者的詞彙及史實。 **評量任務必須包括像下列的事項……** (T) 1. 創造一場包括人工物品、圖畫、各篇日記的博物展示，以描述定居在大草原的某個家庭其一週的生活（今日民眾對於大草原的生活和向西遷居。有哪些常見的誤解？） 2. 選一天寫一封信（每封信代表一個月的旅程）給某位「遠在東部」的朋友，描述你在篷車隊及大草原上的生活。 3. 通過關於向西擴展和大草原生活基本事實之測驗。 (OE) 4. 以口頭或書面方式回答主要問題的某一題。 5. 以繪圖顯示墾拓者的艱困生活。	協助學生： (L) 1. 學習西進運動和大草原生活的史實。 2. 以同理心理解墾拓者及其面臨的挑戰。 3. 透過下列展現學生的學習結果： (1)閱讀、瀏覽，以及討論第一手和第二手資料。 (2)閱讀及討論相關的文學作品，例如「大草原上的小屋」。 (3)應用電腦模擬軟體，例如「奧瑞崗第二條小徑」。 (4)在單元教學開始時透過體驗活動（如：大草原日），以及討論和反省這些經驗的意義，使大概念真實化。 (5)透過研究蒐集額外的資訊。 (6)呈現有趣的、成功的博物展示之樣貌。 (7)在寫信和寫日誌方面，提供模式和引導式練習。 (8)對學生正在建構的學習表現和結果提供回饋。

15

連結：逆向設計的邏輯範例

（期望的學習結果暗示了什麼？）

階段一	階段二	階段三
如果期望的學習結果是要學生……	那麼，你需要證據證明學生有能力……	因此，學習活動必須……
理解…… **U**		**L**
審慎思考以下問題…… **Q**	評量任務必須包括像下列的事項…… **T**	
	OE	

階段一

階段二

階段三

同儕評論

練習

作業單

詞彙

UbD 工作坊的課程設計範例

階段一：期望的學習結果

理解事項：

學生將理解……

1. 有效的課程設計涉及從明確的教學目標做逆向設計，以及連結三個設計的階段。
2. UbD 是對於課程設計的更細心思考方式，而不是處方式的方案。
3. 使用課程設計標準改進教學品質。
4. UbD 是非線性的、重複的設計過程。
5. 以理解為重的教學和評量能增進對學科學習標準的學習。

主要問題：

1. 為什麼最佳的課程設計是逆向法？
2. 什麼是良好的課程設計？UbD 如何促進有效的課程設計？
3. 持續改善法如何適用到課程設計？
4. 為什麼要實施理解的教學？
5. 我們如何知道學生確實理解？
6. 理解和知道之間有哪些差異？

學生將知道……

1. 逆向設計的三個階段
2. 大概念和主要問題的特徵
3. 理解的六個層面和 GRASPS
4. WHERETO 的教學計畫要素
5. UbD 的課程設計標準

學生將能夠……

1. 形成理解、主要問題和評量結果的證據
2. 以範例格式草擬單元課程計畫
3. 根據課程設計標準檢討設計

階段二：評量結果的證據

實作任務：

1. 使用 UbD 範例及工具寫出課程設計草稿（課程設計符合大部分的 UbD 設計標準）。
2. 加入使用課程設計標準進行同儕評論過程，並對課程設計者提供回饋。

其他證據：

1. 工作坊舉辦前後的學員調查結果
2. 觀察學員的理解、提問、錯誤觀念和感到挫折的事
3. 對練習和學習單的回答品質
4. 學員對自己的理解及課程設計之自我評量和反省
5. 對報告者的書面回饋和口頭回饋

階段三：學習計畫

學習活動：

1. 預習各節課，了解實作表現目標，組成角色相似的小組
2. 練習編寫優質的課程設計
3. 研究及討論使用逆向法前後所設計的課程計畫
4. 針對各階段進行引導設計的學習活動
5. 觀賞及討論相關的錄影帶片段
6. 瀏覽學員課程設計作品展示
7. 對於課程設計要素及問題的聽講及討論
8. 根據課程設計標準做同儕評論
9. 編寫（課堂、學校或學區層級的）UbD 行動計畫

導論
階段一
階段二
階段三
同儕評論
練習
作業單
詞彙

利用逆向設計發展 UbD 行動計畫

階段一：期望的學習結果

既有目標：

我們的課程目標是什麼（如：如果為理解而進行課程的設計、實施和評量，是教師工作的準則，我們在課堂、學校和學區會看到什麼現象）？

理解事項：

為達到課程目標，我們（如：教師、行政人員、政策制定者、父母、學生）需要理解哪些事項？

主要問題：

哪些主要問題會聚焦於課程目標、促進對話和引導我們的行動？

為達到課程目標，我們（如：教師、行政人員、政策制定者、父母、學生）需要哪些知識和技能？

階段二：評量結果的證據

1. 哪些會被列為課程設計及教學成功的證據？
2. 應該蒐集哪些基準線資料（如：學生學業成就的落差、教師的理解結果、教師的態度、教師的教學策略，以及組織的效能）？
3. 哪些指標可證明學生長期的和短期的進步？

階段三：學習計畫

學習活動：

1. 哪些行動能幫助我們有效了解課程設計的目標？
2. 我們會採取哪些短期的和長期的行動？
3. 哪些人應該包括在內？應該被告知？應該要負責？
4. 哪些可預測到的關切事項會被提到？如何處理這些關切事項？

UbD 的課程架構：巨觀觀點

對於發展學習單元（微觀層級），重理解的課程設計法提出了三階段的設計架構，而相同的過程亦可指引大規模的科目及整體課程之設計（巨觀層級）。以下圖示呈現的是，螺旋圍繞大概念、主要問題，以及核心評量主題而建構的一貫課程。

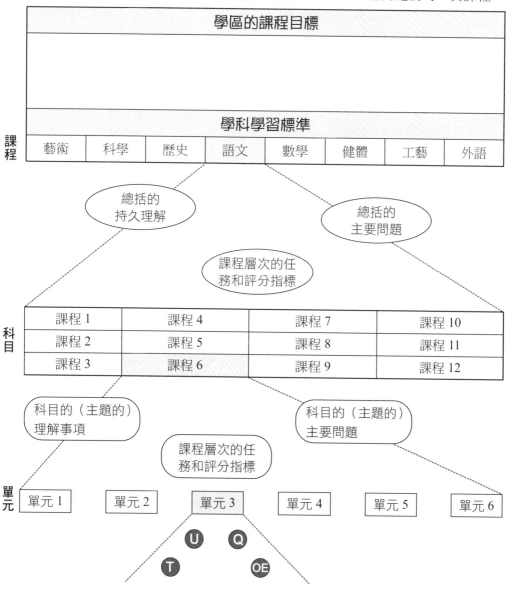

重理解的課程設計──專業發展實用手冊

針對階段一的 UbD 課程地圖

美國歷史（七年級）

科目的理解事項	科目的主要問題	科目的技能
學生將理解……	**我們正在成為建國時擬成立的國家嗎？**	**學生將發展歷史和地理的分析技能，包括下列能力：**
1. 獨立宣言的序言和憲法的序言，確立了我們何以需要政府及指引政府做決定之原則的理念，這些理念提供我們評鑑政府進步情況，並建議改進策略的架構。 2. 進步要付出代價──付出的程度是讓歷史來評價進步的成效。 3. 即使是民選領袖之外的特定個人，也會影響歷史。 4. 當經濟和地緣政治的興趣開始改變，美國放棄她的孤立政策，挾著新挑戰和新責任成為支配世界的強權國家。 5. 為推動普遍的福利措施，政府試圖平衡市場自由運作的需求和規範市場運作的需要，以利保障公眾利益。 6. 地理環境會持續影響我國的經濟、政治，以及社會發展。 7. 在整個美國歷史中，戰時的恐懼及人民所感受到的安全威脅，導致對某些公民自由權的漠視。 8. 美國文化反映在當時的事件上，並且形塑了美國人對自己的看法。 9. 憲法的通過並未終止關於政府權力的爭論；相反地，經濟的、區域的、社會的，以及理念的緊張已經出現，並且未來會繼續出現對於憲法之意義，以及聯邦與州政府之間適當權力平衡的爭論。 10. 政府與大眾對於公民平等權的承諾已有提升。	我們正在成為建國時擬成立的國家嗎？ 1. 進步有什麼作用？ 2. 個人如何產生影響？ 3. 美國如何成為世界強權？ 4. 哪些議題會決定我們在外交事務上的參與？ 5. 美國為什麼放棄其傳統的外交孤立政策？ 6. 對憲法理念的承諾應該超越我們的限度嗎？ 7. 政府促進人民一般福祉的責任有哪些？ 8. 關於經濟發展，政府應該更介入或更放手？ 9. 地理環境如何影響歷史？ 10. 在歷史上，為什麼安全和自由之間存在著爭鬥？ 11. 美國人的文化認同如何隨著時間而改變？ 12. 州政府和聯邦之間的權力爭鬥如何隨著時間而上演？ 13. 政府對「建立正義社會」的承諾如何隨著時間而改變？ 14. 在歷史上「正義」的定義如何變得更概括？	學生將發展歷史和地理的分析技能，包括下列能力： 1. 找出、檢視，以及詮釋第一手和第二手的文獻，以增進對美國歷史事件及生活之理解。 2. 在過去和現在之間做出連結。 3. 將美國歷史的重要事件從制憲時期到現在加以排序。 4. 從不同的歷史觀點詮釋概念和事件。 5. 以口頭方式和書面方式評價問題、討論問題。 6. 編製及說明地圖、圖形、表格、圖解、圖像。 7. 分析及詮釋地圖以說明地形、水文、氣候特徵，以及歷史事件之間的關係。 8. 分析政治漫畫、政治廣告、圖片，以及其他圖像媒體。 9. 區辨相關的和不相關的資訊。 10. 概覽資訊的正確性，分開事實和意見。 11. 找出問題然後建議解決方案。 12. 在寫作、討論和辯論之中選擇立場、辯護立場。

針對階段一的 UbD 課程地圖（續）

美國歷史（七年級）

單元的理解事項	單元的主要問題
學生將理解…… 1. 獨立宣言的序言和憲法的序言，確立了我們何以需要政府及指引政府做決定之原則的理念。 2. 憲法的制定係出於（邦聯條款）殖民政治未能適當維護人民的自然權，同時也未能推動民主的理想。 3. 地理環境影響立國者所關切的經濟、政治、社會事項，這些都反映在憲法制定過程所做的協調折衷。 4. 在人類歷史上，美國憲法是人民自治方面最持久有效的藍圖，因為它建立從人民取得治權的政府、使中央和州政府權力分享、保障個人的權利，以及提供透過憲法修正案及憲法解釋而達到有秩序改變的體系。 **造成影響的歷史人物** 約翰・洛克、孟德斯鳩、盧梭、謝斯（Daniel Shays）、喬治・華盛頓、湯瑪斯・傑弗遜、班・法蘭克林、詹姆斯・麥迪遜（James Madison）、亞歷山大・漢彌爾頓	1. 「我們為什麼需要憲法？」其相關的本科主要問題是：個人如何產生影響？政府促進人民一般福祉的責任有哪些？ 2. 「為什麼憲法是這種架構？」其相關的本科主要問題是：個人如何產生影響？追求進步要付出什麼代價？政府促進人民一般福祉的責任有哪些？地理環境如何影響歷史？州政府和聯邦之間的權力爭鬥如何隨著時間而上演？ **學習資源** 活生生的歷史！新生國家的憲法：政府的根源（1.1、1.2、1.3、1.4）；憲法的產生（2.1、2.2、2.3、2.4、1.4）；人權法案的產生（3.1、3.2、3.3、1.4）；一七八九至一八二〇年之間的憲法行使（4.1、4.2、1.4）；今日的憲法行使（5.1、5.2、5.3） **第一手文獻** 1. 約翰・洛克在天賦人權方面的著作 2. 獨立宣言 3. 美國憲法 4. 邦聯支持者報告書第 10、51 期 承蒙紐澤西州西溫莎—波連斯波羅 （West Windsor-Plainsboro）學區 Mark Wise 和初中社會科團隊提供資料

導論　階段一　階段二　階段三　同儕評論　練習　作業單　詞彙

透過評量連結課程

六～十二年級的段考

年級	說明文	勸說文	文學分析	創意的（表達的）
6	研究報告	立場陳述報告	以情境或衝突為題的文學小論文	原始的神話
7	自傳	政策評鑑	以人物為題的文學小論文	個人的寫作
8	研究報告	問題解決的小論文	以象徵為題的文學小論文	敘事的小說
9	因果分析的小論文	社論	多元文學要素的分析	詩
10	研究報告	社會議題的小論文	批判分析的小論文	歷史人物
11	定義說明的小論文	爭論的小論文	比較體裁的小論文	滑稽模仿的詩文（譏諷的詩文）
12	研究報告	立場陳述報告	回應文學批評的小論文	反語

引用紐約州葛瑞斯（Greece）中央學區提供資料

理解的六個層面

層面一：說明

精確的解說和理論，對事件、行動、想法等，能提供有知識的、證明合理的描述。例如回答：為什麼會這樣？哪些因素能說明這類事件？哪些因素能說明這類行動？我們如何證明？這件事連結到哪些事件？這如何起作用？

層面二：詮釋

能提供意義的敘說、翻譯、隱喻、圖像、藝術創作等，例如回答：這是什麼意思？為什麼這很重要？它包括什麼？在人類的經驗方面，它舉例說明或闡述了什麼？這和我有什麼關係？哪些是有意義的？

層面三：應用

在新的情境和多元的背景脈絡中有效應用知識的能力，例如回答：能在何處及如何使用這些知識、技能或程序？我應該如何修正想法和行為，以符合特定情況的需要？

層面四：觀點

批判的、有洞見的觀點，例如回答：從誰的觀點而言？從誰的有利位置而言？需要澄清和考慮的假定或未言明事項是什麼？被證明合理或被保證的想法是什麼？有適當的證據嗎？這個想法合理嗎？這個想法的優缺點是什麼？這個想法看起來合理嗎？它的限制是什麼？那又怎麼樣？什麼是看待這個想法的新方式？

層面五：同理心

進入另一個人的情感和世界觀的「內部」，例如問：對你而言，看起來似乎如何？他們觀察到哪些我沒有觀察到的事？如果我要理解的話，我需要體驗什麼？作者、藝術家或表演者感受到、觀察到，或者試著使我感到和觀察到的事是什麼？

層面六：自我認識

知道自己的無知，以及知道自己的思考和行為模式如何形塑或扭曲理解的結果，例如問：我的特質會如何形塑我的觀點？我的理解有什麼限制？我的盲點是什麼？哪些是我因為偏見、習慣或風格而容易誤解的事？我如何能夠學習得最有效？哪些策略對我是有用的？

導論 階段一 階段二 階段三 同儕評論 練習 作業單 詞彙

UbD 的課程設計標準

階段一左側標籤：

階段一：課程設計以目標內容的大概念為焦點，達到何種程度？

請考慮：是否……

1. 根據能遷移的、屬於學科核心的大概念，作為目標的理解事項，而此事項具持久性並且需要跨內容的教學？
2. 訂為目標的理解事項是由問題架構而成，這些問題能引發有意義的連結、引起真實的探究和深度思考，以及促進學習遷移？
3. 主要問題能引發思考、可辯論，以及可能圍繞中心概念產生探究（而不是產生「部分的」答案）？
4. 已確認適當的目標（如：學科學習標準、學習表現基準、課程目標）？
5. 已確認有效的、單元相關的知識和技能？

階段二：學習評量對於期望的學習結果提供公正的、有效的、可靠的、足夠的評量方法達到什麼程度？

請考慮：是否……

1. 要求學生透過真實實作任務，表現其理解的結果？
2. 使用適當的標準本位評分工具來評量學生的作品和實作表現？
3. 使用各種適當的評量方式來產生其他的學習結果證據？
4. 使用評量作為師生的回饋和教學評鑑的回饋？
5. 鼓勵學生自我評量？

階段三：學習計畫有效能，以及使學生專注學習的程度為何？

請考慮：學生將……

1. 知道自己的方向（學習目標）、知道教材為什麼重要（知道學習課程內容的理由），以及知道教師對他們的要求是什麼（單元目標、學習表現的要求、評鑑標準）？
2. 被教學所吸引──專注於鑽研大概念（如：透過探究、研究、問題解決、實驗）？
3. 有適當機會探索及體驗大概念以及接受教學，使自己對被要求的學習表現做好準備？
4. 有足夠的機會根據即時的回饋，重新思考、演練，以及修正其學習？
5. 有機會評量自己的學習、反省自己的學習，然後設定目標？

請考慮：教學計畫是否……

1. 在處理所有學生的興趣和學習風格方面，能因材施教、有彈性？
2. 組織有序，以使學生的專心學習和教學效能達到最大？

整體設計──就所有三個階段的連結而言，整個單元的連貫性達到什麼程度？

關於逆向設計的常見問題

1. 這套三階段的方法言之成理，但是，你們為什麼稱它作「逆向」設計？

我們在兩個方面使用「逆向」一詞。

首先，透過澄清你所尋求的學習，以「先考慮結果」的方式開始設計課程；亦即，以期望的學習結果（階段一）為依據。然後，考慮所需要的證據，以確定學生已達到這些期望的結果（階段二）。最後，根據結果來設計方法，亦即，以教學的活動和資源來幫助學生達到目標（階段三）。我們發現，無論是個別教師或學區課程發展委員會應用的逆向設計法，都有助於避免活動導向和內容導向的課程計畫所產生的學生之惡。

其次，逆向一詞的使用是指：相對於某些教師的課程計畫方式，這套方法是逆向的過程。數年來，我們觀察到，課程計畫往往被解讀為列出教學活動（階段三），教師對於想要的教學結果只有一般的認識，也很少注意到評量的證據——如果有注意到的話（階段二）。許多教師認為，考慮到 UbD 要求教師打破習慣的課程設計方式，其提供的設計範例很合理，但是感覺上很呆板。

逆向設計不是新的觀念，一九四八年，泰勒（Ralph Tyler）就曾經闡述過類似的課程計畫方式。近來，例如，結果本位教育的倡導者William Spady，更建議課程應從期望的結果「往下設計」。在《與成功有約》（*7 Habits of Highly Effective People*）這本暢銷書中，Stephen Covey 傳達了相似的發現：有效率者做計畫時會先考慮結果（Covey, 1989）。

2. 進行課程設計時，必須（從頭到尾）遵循範例上的順序嗎？

不必，逆向設計不要求嚴格遵循順序，其過程本來就是非線性的，不同的入手起點都可以導向有組織的設計結果，最後定案的設計會透過 UbD 範例以邏輯的格式呈現。雖然最後的成品反映了三階段的邏輯，但設計過程往往因緊扣最後學習結果而以重複的、不可預測的方式展開。

導論

階段一

階段二

階段三

同儕評論

練習

作業單

詞彙

重理解的課程設計——專業發展實用手冊

請思考在廚房進行的烹飪實驗和其最後成品（產生新食譜）之間的差異。廚師可能受到不同事件的啟發而著手這些實驗，例如：新的調味料、為特定顧客做料理，或者想要試驗新的烹調方式。隨著不同的食材、味道、溫度，以及時間的組合，試驗過程可能會有許多嘗試和錯誤，但是最後的成品會以有效率的步驟化格式呈現給其他人。同樣地，雖然 UbD 範例提供了分享最後「食譜」設計的格式，但並不具體說明設計的程序（當然，課程設計和食譜，常常在教師同儕評論及對學生實施之後，再次被修正）。

看到範例時，以你自己的想法來填寫這些範例。我們發現，例如學科領域、主題、教學風格等某些變項，似乎會影響課程設計的順序（見283頁的課程設計不同起點，這些起點有利於三個階段的設計工作）。無論採用什麼方法，課程設計者應該填妥範例表格，並且經常根據UbD課程設計標準查核新完成的教案，以確保設計的過程能產生期望的高品質成品。

3. 重理解的課程設計法是否適合所有年級和所有學科？

適合。相對於只要求練習和回想的學習而言（如：按指法打字），只要課程目標涉及某些值得理解的大概念，就可應用。

4. 可以把三階段的逆向設計（及 UbD 範例）用於單課教學計畫嗎？

筆者選擇以課程單元作為設計的焦點，是因為UbD的關鍵要素——大概念、持久的理解、主要問題、理解結果的表現，過於複雜且層面過多，以致無法在單課教案中充分探討。例如，主要問題的探究應該時常進行，而非在一節課結束之前找出答案而已。

雖然如此，我們也發現，較大的單元會提供設計各節教學所需的情境脈絡，教師常常提到，若仔細做好階段一、二的設計工作，能增進單課教學計畫，產生更有目標的教學和更完善的學習活動。

5. 教學單元如何納入幼稚園到高中階段的整個課程？

雖然逆向設計法顯然適用於個別單元的設計，但是其設計過程也是

架構整體課程的有效方法。在應用逆向設計法架構整體課程時，先要考慮期望結果——包括學科學習標準及其他重要的總結學習結果（exit outcomes），然後再逆向架構（如：從十二年級到幼稚園階段）課程，以確保所有重要的學習結果都能透過課程及教學單元確實涵蓋。逆向架構課程有助於找出課程的所有不銜接或重複之處，然後針對所需的課程修訂及補充來處理。

重理解的課程設計法為架構課程的過程提出了特定的快速策略：取代只列出所教的主題，UbD 課程地圖具體列出課程在不同時間所探討的大概念及主要問題。這個方式有助於找出總括的概念，並能在課程中對學習提供重要的直達路徑。此類直達路徑是垂直貫串整個課程的大概念，不一定是合科課程中的大概念。例如，社會科的某個總括式主要問題可能是：「人們為什麼遷徙？」相同的問題在三年級的西進運動單元、五年級的西部墾拓者單元，以及十年級的移民單元都會被探討到。

另外，筆者建議 UbD 式的課程地圖應該包括核心評量任務，而所有學生都應該表現這些任務，以證明其對於關鍵概念和過程的理解（當然，這些任務會附上一致同意使用的評分指標）。我們認為，這類架構課程地圖的方式更能促進大概念的澄清和課程的連貫。

UbD 網站（ubdexchange.org）能夠以電腦編寫課程地圖，同時使個別的 UbD 單元能連結到課程地圖，這些地圖可在網路上產生、很容易修正，並能以 Excel 試算表的格式印出。

導論

階段一

階段二

階段三

同儕評論

練習

作業單

詞彙

範例——附實例的一頁式、
兩頁式和六頁式範例

範例

階段一

階段二

階段三

同儕評論

練習

作業單

詞彙

附問題的一頁式範例

階段一：期望的學習結果

既有目標：

這項課程設計工作處理哪些相關的目標（如：學科學習標準、科目或課程的目標、學習結果）？

理解事項：

學生將理解……

1. 哪些是大概念？
2. 期望學生理解的是哪些具體的大概念？
3. 哪些錯誤概念是可以預測到的？

主要問題：

哪些有啟發性的問題可以增進探究、增進理解、增進學習遷移？

學生將知道……

1. 由於本單元的學習，學生將習得哪些關鍵的知識和技能？
2. 由於習得這些知識和技能，他們最終將有什麼樣的能力表現？

學生將能夠……

階段二：評量結果的證據

實作任務：

1. 學生將透過哪些真實的實作任務來表現期望的學習結果？
2. 理解能力的實作表現會以哪些效標來判斷？

其他證據： OE

1. 學生將透過哪些其他的證據（如：隨堂測驗、正式測驗、開放式問答題、觀察報告、回家作業、日誌等）來表現達成期望的學習結果？
2. 學生將如何反省及自我評量其學習？

階段三：學習計畫

學習活動：

哪些學習活動和教學活動能使學生達到期望的學習結果？這項課程設計將：

W＝幫助學生知道這個單元的方向（where）和對學生的期望（what）？幫助教師知道學生之前的狀況（where；之前的知識和興趣）？

H＝引起（hook）所有學生的興趣並加以維持（hold）？

E＝使學生做好準備（equip），幫助他們體驗（experience）關鍵概念的學習並探索（explore）問題？

R＝提供學生機會以重新思考（rethink）及修正（revise）他們的理解和學習？

E＝允許學生評鑑（evaluate）自己的學習及學習的涵義？

T＝依學習者的不同需求、不同興趣、不同能力而因材施教（tailored；個人化）？

O＝教學活動有組織（organized），使學生的專注和學習效能達到最大程度並繼續維持？

一頁式範例

階段一：期望的學習結果	
既有目標：	Ⓖ

理解事項： Ⓤ	**主要問題：** Ⓠ
學生將理解……	

學生將知道…… Ⓚ	學生將能夠…… Ⓢ

階段二：評量結果的證據	

實作任務： Ⓣ	**其他證據：** ⓄⒺ

階段三：學習計畫	

學習活動： Ⓛ

一頁式範例樣本
科學（五～八年級）

階段一：期望的學習結果

既有目標：

田納西州科學課程標準 4.5c——有限的資源影響了排序優先順序的需要。4.5d——科技發展對整體經濟的影響在發展科技時很少為人所知。4.6d——發展新科技或縮減現有技術時，必須慎重考慮危機和成本效益的問題。

田納西州科學課程，Joyce Tatum 編寫

理解事項：

學生將理解……

1. 自然環境必須維持平衡，此平衡必須能使空氣清淨、水清潔，以及土壤生長食物。
2. 所有人都有維持自然界平衡的責任。
3. 濕地必須受到保護以維持的清潔水。
4. 每個公民都必須採取行動維持清潔的飲水供應。

主要問題： Q

1. 為什麼環境的平衡對維持生命很重要？
2. 要有多少清潔空氣和用水才足夠使用？
3. 如果自然資源對健康的地球如此重要，為什麼自然保育是個大問題？
4. 為什麼需要保存濕地？
5. 我們如何平衡經濟進步和濕地保護？

學生將知道…… K

水循環的重要性及其各階段之間的關係、濫用濕地的後果、食物鏈之間的相互關聯、做決定的模式。

學生將能夠…… S

1. 分析環境的優先重要事項。
2. 從社區和個人層次上，討論環境和經濟決策之利弊得失；對比不同的環境地點。

階段二：評量結果的證據

實作任務：

1. 目標：身為研究小組的一員，你將要蒐集關於自己居住地區的環境證據。
2. 對象：自然資源管理局（Nature Conservancy）將召開公民陪席會議來審查個案研究，以決定研究水準最高的個案。
3. 情境：自然資源管理局和幾個研究小組簽約，以匯集幾個地點的環境和經濟證據。管理局接受了比爾·蓋茲的兩千萬美元補助，以利對這些地區的一般民眾及美國人民報告經濟和環境兩方面的問題。

　　參與者要就全國七個地區之一完成個案研究，包括：對最近出版的報紙報導之分析、社區的宣言和意見、科學資料、關鍵經濟發展的分析、事件時間表，以及建議的決策模式。（其他任務：扮演田納西電力公司專門小組成員評估對當地的影響、就你個人的意見寫信給報紙編輯，以及就研讀的文獻寫出提示問句。）

階段三：學習計畫

學習活動：

1. 導入活動：學生評論五篇最近關於布雷納德（Brainerd）地區氾濫平原的新聞報導，接著回答有關哪些人、什麼、何時、何處、為什麼、有什麼關係，以及還有什麼的問題。學生以拼圖法分享這些新聞報導，然後將小組提出的問題組織起來，並且就報導中提到的事件建構時間表。
2. 對新聞的回應：這些事件如何影響你、我、我們？
3. 研究主題：東門購物城的發展、高爾夫課程的發展、氾濫平原上的東山脈房屋、一九七一年的水災。
4. 田納西電力公司和布雷納德的蘇格拉底式研討：木乃伊、木乃伊哦（Oh Mummy）、查塔努加市（Chattanooga）的霧、不肯倒垃圾的莎拉·西維亞（Sarah Cynthia Sylvia Stout）、老鷹兄弟、天空姊妹、地形圖。
5. 科學調查：溢流——水和瀝青怎麼了？我們都住在下游——我們能做什麼決定？水和油——它們能混合嗎？觀察兩方——要有多少潔淨的水才夠用？

範例　階段一　階段二　階段三　同儕評論　練習　作業單　詞彙

一頁式範例樣本
數學（高中）

階段一：期望的學習結果

既有目標： **G**

學生將……

1. 判別兩個事件的條件機率〔貝氏定律（Bayes' law）〕。
2. 解決涉及到排列、組合，以及條件機率的機率問題。

取自數學的數學課程（加拿大）

理解事項： **U**	**主要問題：** **Q**
學生將理解…… 1. 機率和期望值可用來預測（不明顯的事件）。 2. 計算的最佳方法往往不靠計數。	1. 如何預測事件的結果？ 2. 對將發生的結果，如何量化其預測？ 3. 期望值和機率有什麼不同？ 4. 做預測的最佳方法是什麼？
學生將知道…… **K** 如何利用基本計數原理和排列組合來做計算？	學生將能夠…… **S** 1. 利用常態分數及圖表來計算機率、z 分數。 2. 利用二項式分配來計算機率。

階段二：評量結果的證據

實作任務： **T**	**其他證據：** **OE**
實作評量大綱：設計一場你知道（終究）會贏的遊戲。利用組合學、機率，以及肯定會贏的期望值來說服我們。你的遊戲必須很容易對可能的遊戲者說明，而且遊戲的結果必須乍看很模糊或好像是對手贏了。	1. 要學生根據所提供的評分指標，評量自己與其他幾位同學的遊戲之公平性。 2. 日誌題目：對照組合法和排列法；期望值和機率有什麼不同？ 3. 隨堂測驗和指定作業包括建構式反應任務。

階段三：學習計畫

學習活動： **L**

1. 以巴士路線問題引起學習本單元的動機：就 n×m 表格而言，若只向北行或向東行，從最遠的西南角到最遠的東北角有幾種方式？此問題需要用到包括重複的排列組合法、巴斯卡三角形、二項式定理等（問題本位的學習）。
2. 擲骰子遊戲（學生可以開始考慮實作任務）。押注一分錢，然後一次擲四個骰子，除非你擲出一對以上的同點數，否則擲多少點數，我就付你多少分錢；反之，你要照四個點數總和付我錢。
3. 猜正確價格（Plinko；出自「正確價格」的遊戲）——另一個問題本位學習的機會。學生必須分析 Plinko 之類的遊戲及提出預期的結果。
4. 機率分配：如何為一大群人做預測（為什麼男生的汽車保險費比女生高？）。
5. 完成「培養數學力」第 7—9 章的練習。

一頁式範例樣本

英文（高中）

階段一：期望的學習結果

既有目標： **G**

紐澤西州英文和語文科
標準 3.4——所有學生能應用理解和批判分析，閱讀不同的資料和文本。

取自 David Grant 編寫的《麥田捕手》（*The Catcher in the Rye*）

理解事項： **U**

學生將理解……

1. 小說家常常透過小說的手法，對人類的經驗和內在生活提出洞見。
2. 作家利用各種風格技巧來吸引及說服讀者。
3. 主角荷頓‧柯菲爾德雖然反省常見的青少年經驗，但是卻掩飾其個人的成長及人際互動問題。

主要問題： **Q**

1. 什麼是小說和真相之間的關係？
2. 哪些真相最能以小說方式來描述？
3. 荷頓可以代表一般的青少年嗎？是荷頓很反常，或者所有的青少年都「反常」？誰真誠、誰「虛假」？為什麼有些人的行為很虛假？
4. 作家如何吸引及維持讀者興趣？沙林傑（J. D. Salinger）如何吸引你的注意？
5. 作家如何說服其讀者？

學生將知道…… **K**

1. 《麥田捕手》的故事概要和人物角色。
2. 作者沙林傑採用的各種風格技巧。

學生將能夠…… **S**

1. 利用詮釋式的閱讀策略。
2. 發展很合理的假設。
3. 應用寫作過程完成勸說文的草稿及修訂。

階段二：評量結果的證據

實作任務： **T**

荷頓怎麼了？你是某醫院諮詢委員會的成員，荷頓‧柯菲爾德就是在這間醫院說出他的故事。在仔細閱讀及討論過荷頓對十二月之前所發生事件的陳述之後，你的任務是：(1)為醫院寫一份摘要報告，以及(2)寫一封信給荷頓的父母說明他有什麼狀況。你要準備一場和荷頓父母的會談，以說明和證實你對荷頓的行為分析。

其他證據： **OE**

1. 小論文——學生說明荷頓對真實性的擔心。
2. 書信——每個學生從其他角色的觀點寫一封一頁的信來描述荷頓。
3. 隨堂測驗——本單元學習期間有三次針對詳細故事情節的小考。
4. 日誌——對指定閱讀的回應。

階段三：學習計畫

學習活動： **L**

1. 介紹主要問題、最後的任務評分，以及評分指標。
2. 閱讀及討論小說的文本。
3. 就有提示和沒提示的問題，每天寫學習日誌。
4. 研究小說背後的精神病問題（憂鬱症、否定死亡、疏離）。
5. 研究 John Burns 的歌曲，其歌曲是本書書名的來源。
6. 扮演一位與各種家庭成員和各種朋友協商的個案社工人員。
7. 檢討寫作過程。

一頁式範例樣本

語文（三～五年級的資優生）

階段一：期望的學習結果

既有目標： **G**

紐澤西州語文：《灰姑娘》（*Cinderella*）（三─五年級的資優生）
標準 3.4、3.5──所有學生能應用理解和批判分析，閱讀不同的資料和文本。

John Brown 編寫

理解事項： **U**

學生將理解……

1. 童話故事及其他民間文學能掌握人性的普遍模式和人性中重複再現的各方面。
2. 灰姑娘的故事不斷以不同面貌出現在全世界的文學中。

主要問題： **Q**

1. 不同版本的灰姑娘故事揭露了哪些文化和故事？
2. 關於生而為人的意義，全世界的童話故事帶給我們什麼啟示？
3. 童話故事及其他類型的民間文學顯現了哪些普遍的或典型的模式？

學生將知道…… **K**

1. 關鍵的詞彙。
2. 童話故事的特徵。

學生將能夠…… **S**

1. 利用矩陣做分類和比較。
2. 應用寫作過程的技巧──產生想法、組織、擬草稿、編輯、修訂。

階段二：評量結果的證據

實作任務： **T**

既然你和同學已經完成全世界灰姑娘故事的研究，也寫出了自己的版本，所有你們寫出的故事將編成班級文集在圖書館媒體中心展示。你的版本應該從自己熟悉的文化或社會來描述「現代灰姑娘」的經驗，除了確定包括其他四個版本出現的所有共同特徵、事件、象徵，也要確定它能表現你所選擇的國度之風氣、「感覺」、人民心聲。請預做準備，以向其他班級的同學分享你的原版灰姑娘故事，尤其是向幼稚園和一年級的學生。

階段三：學習計畫

學習活動： **L**

1. 編製分類網絡圖，找出重複出現的類別（如：角色、事件、情境）及其屬性。
2. 討論關鍵問題：你能從這四個故事歸納哪些通則和原理？所有的故事版本如何確定或暗指普遍的經驗和事件？
3. 找出對不同故事版本所描述的類似事件之相異態度及反應，分析造成差異的原因，包括延伸自文化傳統和規範的可能起因。

兩頁式範例：第一頁

標題：_____ 學科（科目）：_____

主題：_____ 年級：_____ 設計者：_____

階段一：期望的學習結果

既有目標： (G)

理解事項： (U)	**主要問題：** (Q)
學生將理解……	
學生將知道…… (K)	學生將能夠…… (S)

階段二：評量結果的證據

實作任務： 以 GRASPS 格式摘要 (T)

關鍵標準：

其他證據： (OE)

兩頁式範例：第二頁

階段三：學習計畫

學習活動：思考 WHERETO 要素。　　　　　　　　　　　　　　　Ⓛ

兩頁式範例樣本：第一頁

生命週期（二年級合科課程）

標題：　生命週期　　　　　　　　　　學科（科目）：　合科課程

主題：　生物的需求　　　　　　年級：　二　設計者：　Marie Adams

階段一：期望的學習結果

既有目標：

紐約州　數學、科學、科技 4.1、4.3、4.4—4.7；科技 5.1、5.2、5.5；跨科連結 6.1—6.4；ELA 1.1、1.2、2.1；社會 3.1

理解事項：

學生將理解……

1. 所有生物都有需求，而且必須互動式地依賴生存環境中的資源才能生存。
2. 生物有時會以可預測的模式成長及改變——但固著於某個模式往往會削弱生物體的生存能力。
3. 生物被設計成以個體和群體的方式生存，但是個別或集體生物的存活往往仰賴另一種生物的死亡。

主要問題：

1. 豌豆、牧羊犬、螳螂或孔雀有哪些像人類之處？
2. 生物有哪些生存的需求？
3. 生物如何為了生存而與環境互動？

學生將知道……

1. 昆蟲、植物，以及哺乳類的生命週期模式。
2. 在各區域之內的特定食物鏈。
3. 植物和動物之間的連結，以及我們人類的食、衣、住需求。
4. 沙漠、森林、池塘，以及海洋環境的特徵，包括氣候和自然資源。

學生將能夠……

1. 使用圖表組體來記錄及分析資料。
2. 應用所理解的知識設計人類的棲息地，而其環境符合基本需求。

階段二：評量結果的證據

實作任務： 以 GRASPS 格式摘要

生存者

這項任務模擬五種不同環境區域之一的野外生存體驗。得到一套模擬自然資源方面的資料之後，學生必須針對該區域的特定資源和危險因子，設計及建構人類的棲息地模型，此模型將顯示學生如何滿足食、住、飲水、穿衣、自由、權力、玩樂，以及隸屬的需求。

關鍵標準：

1. 就環境而言的適宜棲息地。
2. 滿足基本食、衣、住，以及防禦的需求。
3. 詳細有條理的模式建構。

其他證據：

1. 本單元詞彙測驗　2.評閱學生的科學學習日誌
3. 取材科學（或社會科）教科書的各章測驗　4.對專題的自我評量

範例
階段一
階段二
階段三
同儕評論
練習
作業單
詞彙

兩頁式範例樣本：第二頁
生命週期（二年級合科課程）

階段三：學習計畫

學習活動：

學生將

1. 種豌豆和豆子、測量和觀察、在日誌中記錄觀察所見、劃分植物生命週期的各階段，以及透過剪貼生命週期的活動，將知識應用到其他植物。
2. 觀察班級飼養的帝王毛毛蟲之養殖過程。閱讀《毛毛蟲日記》（*Caterpillar Diary*）一書。
3. 飼養粉虱和果蠅、觀察和記錄其成長階段，以及劃分昆蟲的生命週期。
4. 操控影響生存的系統（食物、飲水、光線、空間、溫度）、在日誌中記錄觀察所見，以及找出模式、做結論。
5. 討論錄影帶中植物及其中各綱動物的生命週期和基本需求。
6. 閱讀及討論科學和社會科教科書中的生命週期和基本需求章節，完成學習單。
7. 蒐集花和果實以找出種子、閱讀關於種子之旅的事實資訊、依據種子的旅途將其分類，以及製作海報。
8. 觀賞「麵包：從農場到餐桌」（Bread: From Farm to Table）的錄影帶；選出最喜歡的食物；就你所想，畫出食物從農場到餐桌的步驟。
9. 觀察菌類和蕨類植物，以學習有關孢子的知識。
10. 聆聽及討論教師朗讀的書，例如《從不開花的植物》（*Plants That Never Ever Bloom*）、《爆米花之書》（*The Popcorn Book*）、《不只雞而已》（*Chickens Aren't The Only Ones*）。
11. 閱讀《清教徒的第一個感恩節》（*The Pilgrims' First Thanksgiving*）一書；做出一張圖表組體以澄清滿足基本需求的方法；瀏覽「五月花號」網站以查閱這趟旅程所購買的補給品；就你會帶到新世界的物品，列出一份清單；閱讀《穿林過河》（*Over the River and Through the Wood*）一書；使用范恩（Venn）圖比較這兩本書中人們的生活方式。
12. 寫一篇書評比較這兩本書中人們的生活方式。
13. 觀賞關於美國原住民的錄影帶；聆聽關於原住民部落的有聲書；利用書、網頁，以及海報來研究原住民的食物、住所、衣物、工具、交通工具。
14. 閱讀《印第安畫筆傳奇》（*Legend of the Indian Paintbrush*）一書，閱讀及聆聽其他原住民傳奇，然後找出共同的要素；以傳奇的體例寫作來說明事實上發生的某件事。
15. 寫一封信給《印第安畫筆傳奇》中的主角，告訴他你居住的地區，以及如何使用自然資源滿足基本需求。
16. 閱讀《家就是家》（*A House is a House for Me*）一書；細看海報及地方的建築，以分辨世界不同地區在建築房屋時所使用的結構、樣式、材質；探究為什麼有些屋頂是平的、有些是斜的；探究阿爾崗金族（Adirondack）式房屋的一樓為什麼建成離地三、四呎。
17. 閱讀科學、社會科教科書及補充教材中，關於美國地區森林、池塘、海洋、沙漠，以及草原的知識；找出每個區域的自然特徵、其植物和動物的生活，以及指出能滿足基本需求的自然資源；製作海報說明你學到的知識。
18. 選擇某個區域、某種原生動物，其特徵是你所喜歡的；研究這些動物的棲息地、食物、生命週期；寫一篇關於動物的報導。
19. 閱讀《睡覺時間到了》（*Time to Sleep*）一書，及聆聽《冬眠動物》（*Animals in Winter*）有聲書。
20. 瀏覽布告欄展示以學習有關適應、冬眠、遷徙的知識；寫完每個主題的學習單。
21. 透過聽說讀寫及學習單來練習本單元的詞彙。

教師將

展示大問題；蒐集準備教材及視聽媒體；訂購錄影帶和書；製作及張貼字卡；引導討論；就每個次主題實施迷你課程；為書面指定作業做準備，並和學生分享實例、圖表組體、評分指標；為每週的家長聯繫工作，準備學生將習得的教學目標、詞彙表、技能；準備練習活動、圖表組體、隨堂測驗；觀察及記錄學生參與活動的個別情況；評量學生邁向單元目標的個別進步情況；以及提供教學輔導。

兩頁式範例樣本：第一頁

攝影的歷史（四年級）

標題： 歷史？誰的歷史？	學科（科目）： 歷史，攝影
主題： 維州的歷史——二十世紀早期	年級： 四 設計者： Amy

階段一：期望的學習結果

既有目標： **G**

維州歷史科課程標準，第 9 條：描述維吉尼亞州在二十世紀的社會變遷和多元化。
全國藝術課程標準——視覺藝術：透過探究活動，分析藝術作品的歷史意義。

理解事項： **U**

學生將理解……

1. 感受是真實的。
2. 個人的經驗會影響其歷史觀。
3. 攝影可以記錄人類活動的普遍主題。
4. 攝影可以揭露事實，也可以誤導事實。
5. 種族和性別是歷史的兩大要素，並且影響歷史的詮釋。

主要問題： **Q**

1. 歷史——誰的歷史？
2. 我們如何知道過去實際發生了什麼事？
3. 攝影師如何捕捉攝影的對象？
4. 攝影師能告訴我們哪些關於社會的事？
5. 如何「解讀」影像？我們能信任影像嗎？
6. 在創造與詮釋社會方面，種族和性別扮演什麼角色？

學生將知道…… **K**

1. 維吉尼亞州在二十世紀早期的關鍵歷史事件，包括農業社會的衰退、從農業社會邁向都市社會、隔離和反隔離。
2. 視覺設計的基本原則。

學生將能夠…… **S**

1. 從不同的觀點詮釋想法和行為。
2. 對比主要的和次要的資訊來源。
3. 進行四部分的藝術評論過程。

階段二：評量結果的證據

實作任務：以 GRASPS 格式摘要 **T**

維吉尼亞州歷史學會邀請你準備一場展覽，向大眾宣導維州在二十世紀早期發生的重大社會變遷，以及幫助他們理解這段歷史的不同觀點。由於歷史可透過攝影來顯示，因此這場展覽包含了照片展。
你的任務是選擇該變遷時期的兩項重大事件，然後再選出代表每個時期並能顯示兩、三個觀點的幾張照片。由於展覽的目的是向大眾宣導知識，這些照片必須有標題，並且包括對歷史情勢和攝影師觀點的說明。

關鍵標準：

1. 歷史事件（或歷史時期）的重要性　2. 所呈現的主題及觀點　3. 攝影師所採用的設計要素　4. 四部分的照片評論（描述、詮釋、分析、評鑑）　5. 你對攝影師對主題的看法之想法　6. 你對照片的個人經驗連結

其他證據： **OE**

1. 史實及事件順序的隨堂測驗　2. 數篇一系列的學習日誌
3. 從不同觀點反思歷史的事件和時期　4. 歷史分析學習單（利害關係人和觀點）

範例　階段一　階段二　階段三　同儕評論　練習　作業單　詞彙

兩頁式範例樣本：第二頁
攝影的歷史（四年級）

階段三：學習計畫

學習活動： （L）

關鍵學習活動簡明摘要如下：

1. 發送來自歷史學會的信函（任務一）及評分指標、展示照片集。
2. 對學生展示能吸引注意的維吉尼亞州二十世紀早期人物照片，敘述某個事件或某個社會變遷時期（如：白人去的種族隔離式餐館）。
3. 要求學生寫出與該時期雜誌內照片相符的標題，然後相互分享所寫的標題。
4. 帶領關於這些照片的蘇格拉底式研討。
5. 在研討活動的中段，呈現對同一「事件」有不同觀點的另一張照片（如：非裔美國人去的種族隔離式餐館）。
6. 繼續進行討論，比較兩張照片的差異。
7. 展示主要問題及理解結果，並進行討論。
8. 關於主題的教科書內容及其他資訊，帶領學生做 SQ3R 的閱讀。
9. 向學生介紹有代表性的幾張照片，其中一張取自其他觀點；帶領學生進行四部分的藝術評論過程（描述、詮釋、分析、評鑑），這些過程能使學生了解所描述的歷史、人物對象、攝影師想要我們了解的事物……
10. 對比照片和文字資訊（以范恩圖比較基本的和次要的資訊來源）。
11. 以大多數的照片繼續做比較、寫完歷史分析學習單（檢視利害關係人的觀點和事件的結果）。
12. 開始撰寫學習日誌。提示：反思這些事件、考慮不同的觀點和個人的連結，以及在小組中分享。
13. 就其他主題的照片重複上述的活動。
14. 向學生介紹第二項實作任務：以其他人的角色來思考、討論評分指標、讓全班學生有時間完成討論。
15. 向學生呈現第二項實作任務的實例，並進行討論；討論其評分指標。
16. 引導學生進行自我評量。
17. 採用「展品瀏覽」方式展示照片。
18. 學生相互分析照片選集。
19. 反省整個單元的學習。

兩頁式範例樣本：第一頁

地球和太空科學（九年級）

標題： 氣候　　　　　　　　學科（科目）： 科學——地球科學

主題： 天氣　　　　　　　　年級： 九　設計者： Jim Dixon

階段一：期望的學習結果

既有目標：

麻薩諸塞州課程指標 2.8，地球和太空科學第二段指標，標準 8：檢視模型然後舉例說明，大氣層內的全球風向模式係由赤道和兩極之間不平衡的熱流、地球的自轉，以及陸地和海洋的分布所決定。

理解事項： Ｕ

學生將理解……

1. 赤道和兩極之間不平衡的熱流、地球的自轉，以及陸地和海洋的分布，會產生決定氣候的全球風向模式。
2. 宇宙間產生的現象，大多數都涉及某種形式的能量轉換成另一種形式。能量的轉換往往產生某種熱能，這些熱能會向各處輻射，並且移向較冷的地方。

主要問題： Ｑ

1. 哪些因素造成天氣和風向的模式？
2. 哪些因素會影響氣候？
3. 某個地區的事件如何影響另一個地區？
4. 氣候如何影響農業？
5. 如何應用對地球各區的影響因素來判別氣候？

學生將知道…… Ｋ

1. 風向和氣候模式的成因。
2. 影響氣候的因素。
3. 科里奧效應（Coriolis effect）的成因。
4. 某個地區的事件如何影響另一個地區。
5. 氣候如何影響農業。

學生將能夠…… Ｓ

1. 對說明氣壓和溫度關係的資料做詮釋。
2. 詮釋梯度氣壓的等壓線圖。
3. 應用牛頓第一定律的概念、地球的球體幾何學，以及向心力加速度來說明科里奧效應。

階段二：評量結果的證據

實作任務： 以 GRASPS 格式摘要 Ｔ

氣候比較

教師要求學生研究我們所在區域及其他兩個區域的氣候，其中一個區域和我們的緯度相同但是地處內陸，另一個區域的經度相同但地處熱帶。學生要根據決定氣候的因素來比較這些地區的氣候，然後以小組方式代表某個氣候諮詢公司，對某大型農產企業做報告（該企業在每個地區都有農場）。

關鍵標準：

1. 預測的準確度　　2. 說明的完整性　　3. 報告的品質

其他證據： ＯＥ

1. 可查閱書籍的測驗　　2. 指定閱讀的隨堂測驗

範例　階段一　階段二　階段三　同儕評論　練習　作業單　詞彙

兩頁式範例樣本：第二頁
地球和太空科學（九年級）

階段三：學習計畫

學習活動：

1. 學生將透過找出特定情況下的氣流方向，來評鑑環流圈（circulation cell）的圖解，並且就不同的熱流方式來說明這些氣流的移動。

2. 學生將進行「我們去放風箏」的活動，這是引起動機的活動！

　我們去放風箏：

　這是本單元的導入活動。做完第一項活動之後，學生會學到氣壓與風之間的關係，再據以預測校園的哪個地點最適合放風箏。接著，全班學生手中拿著風箏在校園各處找尋最佳的放風箏地點，這個地點會是美式足球場的中央嗎？會是學校後方的山丘頂嗎？會是停車場嗎？然後我們利用放風箏實驗的結果，詢問學生造成風向模式的成因、為什麼風向模式會有不同，以及哪些因素造成這些差異。我們也可以要求學生到其他地方（去海灘等等）放風箏以做比較，學生也可以把實驗結果錄影下來。

3. 學生將閱讀文章，並且執行一系列的實驗來說明牛頓的第一定律及向心力加速度，然後把蒐集到的資訊連結到科里奧效應。

4. 學生要分析顯示等壓線的地圖，並標示出風向（然後說明其分析的結果和所做的標示）。

5. 學生要研究為什麼太陽光線的角度會造成不同的熱流，這些資訊會應用於說明地球的不同區域及當地的不同季節。

6. 學生將分析能量分布圖，該圖顯示能量（熱能）在太陽、地球表面，以及地球大氣層之間的流動。

7. 學生將分析高氣壓和低氣壓中心的圖解，然後描述氣流在這些中心周圍及之間的流動。

8. 學生將研究幾個個案（教師提供文章），其中，在世界某地區的聖嬰現象和火山被認為影響到其他地區的天氣；然後學生要說明可能的過程。

9. 學生將完成「氣候比較」的專題，包括報告和自我評量。

10. 學生將根據對本單元的理解，進行可查閱書籍的測驗。

兩頁式範例樣本：第一頁
當代美國歷史（十一～十二年級）

標題： 社會力的勃發　　　　　　　學科（科目）： 當代美國歷史

主題： 民權運動　　年級： 十一－十二　設計者： Mark Williams

階段一：期望的學習結果

既有目標： Ⓖ
TEKS 美國歷史，第 7 項標準──學生能理解民權運動的影響。

理解事項： Ⓤ
學生將理解……

1. 種族過去是（未來也將是）美國政治和人民生活的要素。
2. 我們很難誠實地把認知調整到符合民權的紀錄。
3. 種族的、文化的，以及社會經濟的差異會導致誤解、偏見、壓迫、暴力。

主要問題： Ⓠ

1. 我們所陳述的理想究竟造成了進步還是掩飾了偽善？
2. 哪些因素導致一九六〇年代末期的族群動亂？
3. 這類動亂會再發生嗎？
4. 禍害美國社會的族群區分能被消弭嗎？

學生將知道…… Ⓚ

1. 當代民權運動的歷史。
2. 民權運動的關鍵領導者。
3. 獲得民權所使用的政治策略。
4. 政府對促進人民權利均等所做的努力。
5. 法律變更對保障人民機會產生的影響。

學生將能夠…… Ⓢ

1. 詮釋歷史文獻。
2. 評鑑政府在促進人民權利均等方面的成效。
3. 扮演歷史人物。

階段二：評量結果的證據

實作任務：以 GRASPS 格式摘要 Ⓣ

科納委員會（Kerner Commission）的角色扮演
學生扮演詹森總統任命的科納委員會之成員，來研判一九六〇年代城市動亂的起因（你們的目標是判斷城市為什麼會發生動亂。你們必須向總統及全國人民報告，為什麼暴力事件會發生，以及如何因應。以小組方式提出的集體報告必須思慮周延、內容澈底、陳述清晰，你的個人貢獻會透過撰寫日誌、教師觀察你參與學習和討論，以及分配撰寫的報告內容來評定）。

關鍵標準：

1. 史實的正確性　　2. 以證據為本的合理推斷
3. 完整清晰的說明　4. 正確的文法和寫作技巧

其他證據： ⓄⒺ

1. 對指定閱讀的隨堂測驗：關鍵事件、民權運動的領導者及策略
2. 小論文：科納委員會揭露了或規避了族群關係的問題？

 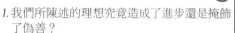

範例 階段一 階段二 階段三 同儕評論 練習 作業單 詞彙

兩頁式範例樣本：第二頁
當代美國歷史（十一～十二年級）

階段三：學習計畫

學習活動：

實作任務概述：學生利用參考文獻和能提供背景資訊的角色扮演活動，如政府的委員會成員一般，對一九六八年發生的族群暴動事件進行調查。就像詹森總統任命的調查委員會所做的，學生的任務在發現所發生的事、為什麼會發生這些事，以及如何因應以避免這些事再度發生。有些學生扮演事件參與者的角色，其他學生則扮演委員會成員。在委員會報告之後，所有學生都提出改進現況的意見。最後，學生研究暴動事件的結果，以了解族群關係自一九六八年以來是否有所改善。

1. 學生在研究關於一九五〇年代和一九六〇年代早期的某些資訊之後，應該要了解：在一九六〇年代中期，美國人民對於社會正義有堅定的共識。這時，學生應該針對一九六八年的族群暴動著手了解其背景。教師應詢問學生想到了哪些問題，而學生應該覺得很困惑，為什麼全國的共識破裂、城市又爆發暴力事件。教師可以鼓勵學生質疑雙方的關係──例如，美國對越戰的態度，或更崇尚武力的非裔美人分離主義團體。最終，他們要能解釋詹森總統為科納委員會設下的問題：發生了什麼事？為什麼會發生這些事？以及，如何因應以避免其再度發生？

2. （以角色說明單）將學生分成參與事件者和委員會成員。把你的「檔案」（你對二十世紀種族關係史的文獻蒐集）送給委員會成員閱覽，然後對扮演事件參與者的學生播放「貫注目標」（Eyes on the Prize）一片的片段內容，該片包括穆罕默德、馬爾坎 X、黑人力量運動、金恩博士的西北策略（及其遭暗殺），以及芝加哥和底特律事件的史實。這部影片能幫助他們想像其角色的處境，以及理解造成社會暴亂的緊張狀態，進而使學生能夠表達其角色的情緒面，而這對於扮演委員會成員而言是很重要的體驗。不論學生對於歧視的模式、種族主義或任何明顯好轉的情勢，已經學過哪些知識，教師都有必要訓練委員會成員根據其所讀到的文獻來發問，並且驗證他們可能有的假設。給學生一份出席「聽證」人員的名單（附上職業或職稱），以利委員會能準備適當的問題。

3. 任命主席，然後開始進行聽證會。可能需要幾天時間才能問完十位「證人」，但如果發問的問題很好而且證人能夠當場圓滿答覆，這項練習就值得花時間進行。

4. 允許委員會有時間討論其發現及做出報告。也許委員會成員可以複印報告大綱，然後做口頭報告。當委員會報告時，扮演事件參與者的學生可以寫學習日誌，並開始針對暴動的成因發展自己的想法。

5. 討論委員會的初步報告。為了方便扮演事件參與者，委員會成員要確定使用的資料來源，而這些角色扮演者應該指出，某些歷史觀點有助於分析事件所處情勢。然後教師要學生閱讀真實初步報告的摘錄，或者出自科納委員會的某些摘錄。

6. 分派書面報告作業，主題是發生的事件及成因。要學生相互評論書面報告，發展優質報告的評分指標，進而修訂或重寫報告。

六頁式範例，第一頁

課程單元封面頁

單元標題：＿＿＿＿＿＿＿＿＿＿＿＿＿＿＿　　年級：＿＿＿＿＿＿＿＿＿

學科（主題）領域：＿＿＿＿＿＿＿＿＿＿＿＿＿＿＿＿＿＿＿＿＿＿＿

關鍵字詞：＿＿＿＿＿＿＿＿＿＿＿＿＿＿＿＿＿＿＿＿＿＿＿＿＿＿＿

設計者：＿＿＿＿＿＿＿＿＿＿＿＿＿＿　　實施時間：＿＿＿＿＿＿＿

學區：＿＿＿＿＿＿＿＿＿＿＿＿＿＿　　　學校：＿＿＿＿＿＿＿＿＿

單元摘要（包括課程的背景脈絡和單元目標）：

單元設計情況：　　　　　❏ 完成範例的各頁數——階段一、二、三

❏ 完成每一項實作任務的藍本　　　　❏ 完成評分指標

❏ 對學生和教師的說明　　　　　　　❏ 列出的教材和資源

❏ 建議的調整事項　　　　　　　　　❏ 建議的擴充事項

狀況：◯ 初稿（日期：＿＿＿＿＿）　　◯ 修訂稿（日期：＿＿＿＿＿）

◯ 同儕評論　　◯ 內容檢討　　◯ 實地測試　　◯ 證實有效　　◯ 固定化

範例　階段一　階段二　階段三　同儕評論　練習　作業單　詞彙

六頁式範例，第二頁

階段一：確認期望的學習結果

既有目標：

G

期望學生獲得哪些理解？

學生將理解……

U

哪些主要問題要列入考慮？

Q

由於此單元的教學，學生習得哪些關鍵的知識和技能？

學生將知道……　　　　　K　　學生將能夠……　　S

六頁式範例，第三頁

階段二：決定可接受的學習結果

哪些證據能顯示學生理解？

> 實作任務＊（以 GRASPS 格式摘要） **T**

*就每項任務完成實作任務藍本（下一頁）。

其他證據（隨堂測驗、正式測驗、提示卡、觀察報告、對話、作品樣本）：

OE

學生的自我評量和反省：

SA

六頁式範例，第四頁

實作任務的藍本

哪些理解或目標將透過這項任務來評量？　　　　　　　　　　　　　　　　　　　　Ⓖ

無論任務的細節是什麼，課程標準和理解事項所暗示的效標有哪些？學生的學習必須表現出哪些特質以表示達到課程標準？

學生透過哪些真實實作任務來表現其理解？

　　　　　　　　　　　　　　　　　　　　　　　　　　　　　　　　　　　　　Ⓣ

就期望學生獲得的理解而言，哪些學習結果及實作表現能提出證據？

學生的學習結果及實作表現將經由哪些效標來評鑑？

六頁式範例，第五頁

階段三：設計學習經驗

請考慮 WHERETO **的要素。** Ⓛ

六頁式範例，第六頁

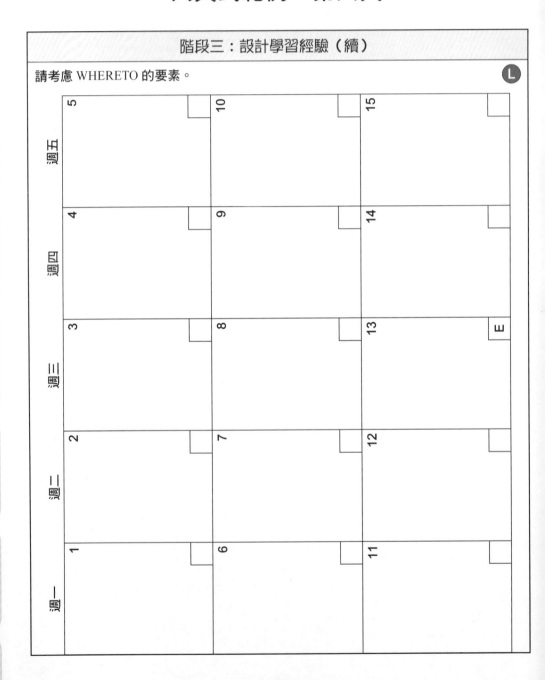

六頁式範例樣本，第一頁

營養（五～七年級）

課程單元封面頁

單元標題： 吃什麼，像什麼　　　　　年級： 五年級

學科（主題）領域： 健康和營養

關鍵字詞：營養、健康、健康良好、均衡飲食、食物金字塔

設計者： 巴伯・詹姆斯　　　　　　實施時間： 三週

學區：賓州蒙哥馬利丘　　　　　　學校： 赤夏貓小學

單元摘要（包括課程的背景脈絡和單元目標）：

　　在這個健康教育科目的導論單元中，學生會學到人類的營養需求、食物分類、不同食物的營養優點、USDA 食物金字塔準則，以及與營養不良相關的健康問題。學生將設計有插圖的營養小冊子，以教導幼童良好的營養對健康生活的重要性，學生分為合作學習小組，以分析某個虛構家庭的飲食，並建議改善此家庭營養程度的方法，以及對造成不良飲食習慣的健康問題進行研究。

　　在最後的實作任務方面，學生將為即將來到的三天戶外教育活動設計及報告建議的菜單，他們設計的三餐及點心菜單應該符合USDA 食物金字塔的建議。此單元結束於學生評鑑自己的飲食習慣及吃得健康的程度。

單元設計情況：　　　　☐ 完成範例的各頁數——階段一、二、三

☑ 完成每一項實作任務的藍本　　　☐ 完成評分指標

☐ 對學生和教師的說明　　　　　　☐ 列出的教材和資源

☐ 建議的調整事項　　　　　　　　☐ 建議的擴充事項

狀況：○ 初稿（日期： 3/12 ）　　○ 修訂稿（日期： 7/14 ）

◐ 同儕評論　　○ 內容檢討　　◐ 實地測試　　○ 證實有效　　○ 固定化

六頁式範例樣本，第二頁

營養（五～七年級）

階段一：確認期望的學習結果

既有目標：

> 標準 6：學生將理解關於營養和飲食的主要概念。
> 6.1──學生將使用對營養的理解，為自己和他人做適當的飲食計畫。
> 6.3──學生將了解他們自己的個人飲食習慣和方式，這些習慣是可以改善的。　**G**

期望學生獲得哪些理解？

> 學生將理解……　**U**
> 1. 均衡飲食有助於身心健康。
> 2. USDA 食物金字塔代表了相對的飲食準則。
> 3. 根據年齡、活動程度、體重、整體健康，每個人的營養需求都不相同。
> 4. 健康的生活要求個人遵行有關良好營養的可用資訊，即使這可能意味著要打破舒適的習慣。

哪些主要問題要列入考慮？

> 1. 什麼是健康的飲食？　**Q**
> 2. 你的飲食健康嗎？你如何知道？
> 3. 為什麼某個人的健康飲食對他人而言是不健康的？
> 4. 儘管可用的資訊一大堆，為什麼在美國還是有這麼多的健康問題是由營養不良所引起？

由於此單元的教學，學生習得哪些關鍵的知識和技能？

> 學生將知道……　
> 1. 關鍵術語──蛋白質、脂肪、卡路里、碳水化合物、膽固醇。
> 2. 每一類食物中的各種食物及其營養價值。
> 3. USDA 食物金字塔準則。
> 4. 影響營養需求的變項。
> 5. 營養不良引起的一般健康問題。
>
> 學生將能夠……　
> 1. 閱讀及詮釋食品標示上的營養資訊。
> 2. 分析飲食的營養價值。
> 3. 為自己和他人設計均衡的飲食

六頁式範例樣本，第三頁

營養（五～七年級）

階段二：決定可接受的學習結果

哪些證據能顯示學生理解？

實作任務＊（以 GRASPS 格式摘要）：

1. 吃什麼，像什麼——學生創作有圖解的小冊子，以教導幼童關於良好營養對健康生活的重要性。

2. 吃下去——學生為即將到來的戶外教育宿營活動，設計三天的正餐及點心菜單。另外，他們要寫一封信給營地主任，說明為什麼應該選擇他們的菜單（藉由指出營養調配符合 USDA 食物金字塔的建議，但對學生而言也相當可口）。菜單還包括了為特定飲食條件（糖尿病或素食者）或宗教信仰考慮所做的至少一項修正。

＊就每項任務完成實作任務藍本（下一頁）。

其他證據（隨堂測驗、正式測驗、提示卡、觀察報告、對話、作品樣本）：

1. 隨堂測驗——食物的分類和 USDA 的食物金字塔。

2. 提示卡——描述兩種可能由營養不良所引起的健康問題，然後說明如何避免這些問題。

3. 技能檢核——說明食品標示上的營養資訊。

學生的自我評量和反省：

1. 「吃什麼，像什麼」小冊子的自我評量。

2. 「吃下去」宿營菜單的自我評量。

3. 反省自己在本單元課程結束時能吃得很健康的程度（與單元課程開始時比較）。

六頁式範例樣本，第四頁
營養（五～七年級）

實作任務的藍本

哪些理解或目標將透過這項任務來評量？ **G**

學生將為自己及他人設計適當的飲食。

無論任務的細節是什麼，課程標準和理解事項所暗示的效標有哪些？學生的學習必須表現出哪些特質以表示達到課程標準？

1. 看起來符合營養
2. 對口味和營養做出比較
3. 可實行

學生透過哪些真實實作任務來表現其理解？

任務概述： **T**

由於我們一直在學習關於營養的知能，戶外教育中心的宿營主任請我們建議一套為後半年到該中心宿營三天的營養均衡菜單。請使用食物金字塔準則和食品標示上的營養資訊，設計一套三天份、包括三餐及三次點心（上午、下午、營火晚會時）的菜單。你的目標是：一份美味又營養均衡的菜單。除了菜單之外，請準備一封給宿營主任的信，說明你的菜單如何符合 USDA 營養準則，並且包括一張圖表，分析說明脂肪、蛋白質、碳水化合物、維生素、礦物質，以及卡路里的分量。

就期望學生獲得的理解而言，哪些學習結果及實作表現能提出證據？

有營養價值和說明圖表的菜單

給宿營主任的一封信

學生的學習結果及實作表現將經由哪些效標來評鑑？

1. 菜單符合 USDA 準則
2. 營養價值圖表內容正確完整
3. 菜單提及適用對象和情況

1. 有效說明所建議菜單的營養價值和口味的吸引力
2. 信件格式恰當
3. 拼字及體例正確

六頁式範例樣本，第五頁

營養（五～七年級）

階段三：設計學習經驗

請考慮 WHRETO 的要素。　

1. 以起點問題開始（你吃的食物會引起粉刺嗎？），以吸引學生考慮營養對其生活之影響。　**H**
2. 介紹主要問題，然後討論本單元最終的實作任務（「吃下去」和「飲食行動計畫」）。　**W**
3. 注意：透過不同的學習活動和實作任務，介紹必要的關鍵詞彙術語。學生從健康教育教科書閱讀及討論相關的選文，以進行學習活動及任務。學生為後來的檢討和評鑑撰寫每日飲食紀錄表，以作為持續的學習活動。　**E**
4. 呈現以食物分類為所學概念的單課教學，然後要學生練習食物的分類圖。　**E**
5. 介紹食物金字塔並具體說明各大類食物的內容。學生分小組學習設計食物金字塔海報，其內容包括各大類食物的單張圖解。將海報展示在教室或走廊上。　**E**
6. 進行食物分類和食物金字塔的隨堂測驗（配對題形式）。　**E**
7. 復習及討論來自 USDA 的營養小冊子。討論問題：人人都必須遵循相同的飲食才能保持健康嗎？　**R**
8. 學生以合作小組的學習方式，分析一個虛構家庭的飲食（蓄意營養不均衡），然後對改善其營養提出建議。教師在學生學習時觀察其討論並予以指導。　**E-2**
9. 要各組學生分享飲食分析的結果，並進行全班的討論。　**E、E-2**
   （注意：教師應蒐集及評論學生的飲食分析報告，找出需要以教學補正的錯誤概念。）
10. 每個學生設計一份有圖解的營養小冊子，以教導幼童了解營養對健康生活的重要性，以及與不當飲食有關的問題。這項活動要在課外時間完成。　**E、T**
11. 每個學生與同組同學交換小冊子，以根據列出的標準進行同儕評量。允許學生根據回饋做修正。　**R、E-2**
12. 播放「營養與你」的錄影帶並進行討論，討論與不當飲食有關的健康問題。　**E**
13. 學生聆聽客座演講人（來自地方醫院的營養師）對於營養不良導致的健康問題之演講，並提出發問。　**E**
14. 學生回答下列書面的問題提示：描述可能是由於營養不良所引起的健康問題，然後說明怎樣改變飲食以避免這些問題（教師蒐集學生的答案並予評分）。　**E-2**
15. 教師示範如何解讀食物標示上的營養價值資訊，然後要學生使用捐出的食物包裝盒、罐頭、瓶子等（空的！）作練習。　**E**
16. 學生獨自學習設計三天份的宿營菜單。對宿營菜單的專題學習進行評鑑及回饋——學生使用評分指標對其專題作品自我評量和同儕評量。　**E-2、T**
17. 在單元課程的總結階段，學生檢討其所做的完整飲食紀錄表，然後自評飲食符合健康的程度。提醒學生注意是否標記出改變？標記出改善情形？他們是否注意到自己在感覺和外表上的改變？　**E-2**
18. 要學生為健康的飲食發展個人的「飲食行動計畫」，這些計畫會被保存，然後在學生參與的親師會上展示。　**E-2、T**
19. 學生對自己個人的飲食習慣做自評，以總結本單元的課程。要每個學生為他們的健康飲食目標發展個人的行動計畫。　**E-2、T**

範例　階段一　階段二　階段三　同儕評論　練習　作業單　詞彙

六頁式範例樣本，第六頁

營養（五～七年級）

階段三：設計學習經驗（續）

請考慮 WHERETO 的要素。　Ⓛ

週一	週二	週三	週四	週五
1.〔HW〕以討論「飲食習慣」和「粉刺」來吸引學生興趣。介紹主要概念和主要詞彙。要學生開始記下每天吃的食物，以記錄日常飲食習慣。	2.〔E〕介紹主要概念和主要詞彙。	3.〔ET〕要學生開始記下每天吃的食物，以記錄日常飲食習慣。	4.〔ET〕進行食物分類的概念教學，然後練習將食物歸類。	5.〔ET〕要學生閱讀及討論來自 USDA 的營養小冊子。
6.〔E〕進行食物金字塔的教學，然後辨認各大類的食物。要學生閱讀健康教科書的相關選文，對閱讀能力較低的學生提供圖解小冊子。	7.〔R〕要學生閱讀健康教科書的相關選文，對閱讀能力較低的學生提供圖解小冊子。	8.〔E〕播放及討論「營養與你」的營養錄影帶。要學生設計有圖解的營養小冊子，以教導幼童良好營養對健康生活的重要性。	9.〔ET〕要學生設計有圖解的營養小冊子，以教導幼童良好營養對健康生活的重要性。	10.〔E〕評量小冊子並給予回饋，讓學生使用列出的效標，對小冊子進行自我評量和同儕評量。
11.〔E〕要學生分成小組，然後分析某個虛擬家庭的飲食，並就改善營養做出建議。	12.〔E〕對於飲食分析進行分組檢討並給予回饋。允許各組修正。	13.〔E〕要學生聆聽嘉賓（來自地方醫院的營養師）對於營養不良導致的健康問題之演講，並提出發問。	14.〔ET〕要學生就不良的飲食造成的健康問題進行研究，提供學生選擇如何分享研究發現的方式。	15.〔E〕示範如何解讀食物標示上的營養價值資訊，然後要學生練習解讀營養食物標示。
16.〔E〕瀏覽宿營菜單，設計的評分指標，以利學生理解評分標準，然後要學生獨自學習以設計三天份的宿營菜單。	17.〔E〕當學生設計菜單時，觀察及指導學生。	18.〔E〕就宿營菜單的專題學習進行評量及給予回饋。要學生使用評分指標對其學習進行自評和同儕評量。	19.〔ET〕要學生檢討飲食日記，以找出自己的飲食習慣有無改善。要每一個學生都設定改善其營養的個人目標。	20.〔ET〕以學生對其飲食習慣的自我評量總結束本單元。要每一個學生為健康飲食的目標擬訂個人行動計畫。

範例 ／ 階段一 ／ 階段二 ／ 階段三 ／ 同儕評論 ／ 練習 ／ 作業 ／ 詞彙

階段一──期望的學習結果

設計工具和實例

逆向設計：階段一

階段一：期望的學習結果

G 既有目標

U 持久理解

Q 主要問題

K S 知識和技能

在階段一，我們根據下列四大項來考慮課程設計的期望結果：

1. 既有目標—— G 這些目標通常包括全國的、州的、地方的或專業的標準；科目或課程目標；以及學區學生的學習結果。

2. 持久理解—— U 以完整句陳述，這些理解事項具體指明我們要學生理解的大概念。

3. 主要問題—— Q 這些開放式的、激發思考的問題，其設計在引導學生探究，以及將教學聚焦在「發現」課程內容的重要概念。

4. 知識和技能—— K S 這些是我們要學生能了解、能表現的個別目標。

階段一的設計標準——在多大程度上，課程設計聚焦在目標大概念上？
請考慮：

1. 根據在學科核心可遷移的大概念，以及需要被「發現」的大概念，這些訂為目標的理解是否能持久？

2. 由問題所架構、訂為目標的理解，是否能引發有意義的連結、激發真實的探究和深度思考，以及促進學習遷移？

3. 主要問題是否能激發思考、能引起爭論，以及可能產生根據中心概念（而非「脫口而出」的答案）而來的探究？

4. 是否能找出適當的目標（如：學科學習標準、課程基準、課程目標）？

5. 是否能找出有效的、單元相關的知識和技能？

範例

階段一

階段二

階段三

同儕評論

練習

作業單

詞彙

階段一——有提示的關鍵設計要素

階段一：確認期望的學習結果

既有目標：

> **G** 欄列出一項以上課程設計瞄準的目標（如：學科學習標準、科目或課程目標、學習結果）。　　　　　　　　　　　　　　　　　　　　　**G**

期望學生獲得哪些理解？

> 學生將理解……　　　　　　　　　　　　　　　　　　　　　　　　　　**U**
>
> **U** 欄根據可遷移的大概念列出持久的理解事項，這些大概念賦予課程內容意義，並將其連結到事實知識與技能。

哪些主要問題要列入考慮？

> **Q** 欄列出主要問題以引導學生探究，並且將教學聚焦在發現學習內容的重要概念上。　　　　　　　　　　　　　　　　　　　　　　　　　　　　　**Q**

由於此單元的教學，學生習得哪些關鍵的知識和技能？

> 學生將知道……　　　　　　　　　**K**　　　學生將能夠……　　　　　　**S**
>
> **K** 和 **S** 欄列出要學生知道的關鍵知識（**K**）和能夠表現的技能（**S**），訂為目標的知識和技能（**K** **S**）可以有三種類型：(1)它們是指期望的理解（**U**）之基礎；(2)它們是指目標（**G**）所陳述或暗示的知識和技能；以及(3)它們是指「能表現」的知識和技能，這些知識和技能是達成階段二確認的複雜評量任務所需要的。

階段一──關鍵設計要素

（網絡圖）

在階段一，課程設計者考慮下列要素。本書提供不同的實例和設計工具來協助你設計課程。請注意：設計過程沒有一定的順序，設計者可以從任何一點開始，但是所有的要素都必須考慮到。

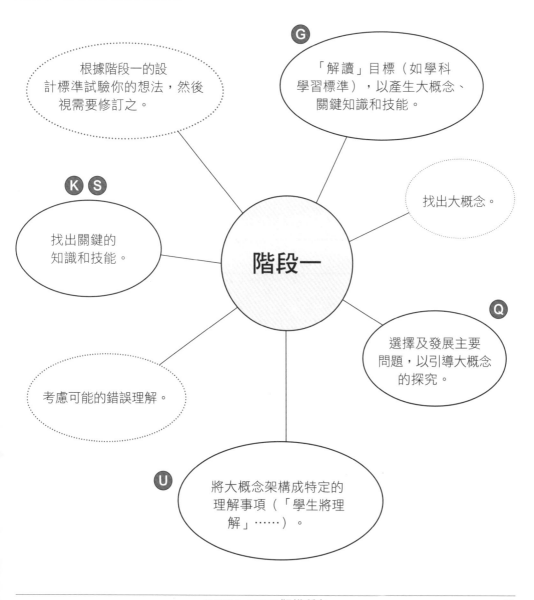

階段一──關鍵設計要素

營養（五～七年級）

階段一：確認期望的學習結果

既有目標：

> 標準 6：學生將理解關於營養和飲食的主要概念。　　　　　　　　　　　**G**
> 6.1──學生將使用對營養的理解，為自己和他人做適當的飲食計畫。
> 6.3──學生將了解他們自己的個人飲食習慣和方式，這些習慣是可以改善的。

期望學生獲得哪些理解？

> 學生將理解……　　　　　　　　　　　　　　　　　　　　　　　　　　**U**
> 1. 均衡飲食有助於身心健康。
> 2. USDA 食物金字塔代表了相對的飲食準則。
> 3. 根據年齡、活動程度、體重、整體健康，每個人的營養需求都不相同。
> 4. 健康的生活要求個人遵行有關良好營養的可用資訊，即使這可能意味著要打破舒適的習慣。

哪些主要問題要列入考慮？

> 1. 什麼是健康的飲食？　　　　　　　　　　　　　　　　　　　　　　　**Q**
> 2. 你的飲食健康嗎？你如何知道？
> 3. 為什麼某個人的健康飲食對他人而言是不健康的？
> 4. 儘管可用的資訊一大堆，為什麼在美國還是有這麼多的健康問題是由營養不良所引起？

由於此單元的教學，學生習得哪些關鍵的知識和技能？

學生將知道……	學生將能夠……
1. 關鍵術語──蛋白質、脂肪、卡路里、碳水化合物、膽固醇。 2. 每一類食物中的各種食物及其營養價值。 3. USDA 食物金字塔準則。 4. 影響營養需求的變項。 5. 營養不良引起的一般健康問題。	1. 閱讀及詮釋食品標示上的營養資訊。 2. 分析飲食的營養價值。 3. 為自己和他人設計均衡的飲食。

階段一——關鍵設計要素

英文（高中）

階段一：確認期望的學習結果

既有目標：

> 麻薩諸塞州標準 8——理解文本：學生能在一段文本中找出基本事實和主要
> 概念，然後將其作為詮釋文本的基礎。
> 麻薩諸塞州標準 19——寫作：學生的寫作有清晰的焦點、連貫的組織、足夠的細節。
> 麻薩諸塞州標準 20——寫作：學生能為不同的對象和目的而寫作。

期望學生獲得哪些理解？

> 學生將理解……
>
> 1. 小說家常常透過小說的手法，對人類的經驗和內在生活提出洞見。
> 2. 作家利用各種風格技巧來吸引及說服讀者。
> 3. 主角荷頓·柯菲爾德雖然反省常見的青少年經驗，但是卻掩飾其個人的成長及人際
>   互動問題。

哪些主要問題要列入考慮？

> 1. 什麼是小說和真相之間的關係？哪些真相最能以小說方式來描述？
> 2. 荷頓可以代表一般的青少年嗎？是荷頓很反常，或者所有的青少年都「反常」？誰
>   真誠、誰「虛假」？為什麼有些人的行為很虛假？
> 3. 作家如何吸引及維持讀者興趣？沙林傑（J. D. Salinger）如何吸引你的注意？
> 4. 作家如何說服其讀者？

由於此單元的教學，學生習得哪些關鍵的知識和技能？

> 學生將知道……
>
> 1. 《麥田捕手》的故事概要和人物角
>   色。
> 2. 作者沙林傑採用的各種風格技巧。
> 3. 寫作的步驟。
> 4. 勸說文的寫作技巧。

> 學生將能夠……
>
> 1. 利用詮釋式的閱讀策略。
> 2. 透過仔細閱讀文本，發展很合理的假設。
> 3. 應用寫作過程完成勸說文的草稿及修訂。
> 4. 反思對文本的理解，然後思索自己的錯誤
>   理解。

範例

階段一

階段二

階段三

同儕評論

練習

作業單

詞彙

知識的結構──各要素的定義

事實型知識	個別的技能

事實：　　　　　　　　　　　**K**
1. 本質是陳述。
2. 直截了當、被接受的「事實」，「理論」以其為基礎。
3. 不能遷移。

技能：　　　　　　　　　　　**S**
1. 本質是程序。
2. 簡單的、個別的程序。
3. 針對更大目標的策略（如：準備比賽的場外練習）。
4. 有限的遷移。

可遷移的概念	複雜的過程

概念：
1. 本質是陳述。
2. 以單詞或短句陳述的抽象心智建構。
3. 可遷移到不同的主題和脈絡。

過程：
1. 本質是程序。
2. 複雜的技能組合，以達成意圖的結果。
3. 能在學科之間（有時跨學科）遷移。

大概念

原理和通則

原理和通則：　　　　　　　**U**
1. 連結到兩個概念的抽象意義。
2. 可遷移的──有助於理解事實、技能、概念、過程。

理解：
1. 我們要學生理解的、以完整句闡述的原理或通則。
2. 晦澀但重要的推論，必須經由「發現」而得。

知識的結構

美國歷史

主題：　第二次世界大戰

事實型知識　　　　個別的技能

事實：　　技能：　Ⓢ

1. 希特勒的勢力崛起
2. 美國大眾戰前的、戰時的意見
　（孤立或干預）
3. 姑息、與德國的衝突
4. 珍珠港、與日本的衝突
5. 盟國的形成
6. 關鍵戰役和軍事策略
7. 科技和戰爭的改變
8. 戰時拘留日本僑民
9. 戰爭對國內經濟的影響
10. 投降條約

技能：

1. 做筆記
2. 編製時間線
3. 閱讀及分析歷史文獻
4. 詮釋地圖和圖表
5. 分析因果關係
6. 討論不同的觀點
7. 對過去和未來建立假設

可遷移的概念　　　複雜的過程

概念：

1. 姑息
2. 孤立主義
3. 結盟
4. 「正義」的戰爭
5. 戰時的目的對結果
　（如原子彈）
6. 戰爭的「問題」——
　對經濟的影響
7. 「槍炮對牛油」

過程：

1. 歷史的探究
2. 以寫作來陳述和說明

大概念

原理和通則

原理和通則：　Ⓤ

1. 有些戰爭被認為是「正義」之戰，因為
　人們相信必須對抗邪惡的敵人。
2. 戰爭影響民主政府對待其公民的方式。
3. 戰爭有其經濟的和科技的後果。
4. 國際衝突通常導致關於「孤立對
　國家主義」，以及「干預對參與」的
　強烈不同意見。

範例

階段一

階段二

階段三

同儕評論

練習

作業單

詞彙

知識的結構

閱讀

主題： 閱讀

事實型知識　　　　個別的技能

事實：　　　　　　　　 K 　技能： S

1. 字母和發音的關係　　　　*1.* 利用語音的、情境脈絡的暗示來解碼
2. 不同體裁的文本結構　　　*2.* 應用基本的理解策略（如：取用先備
　　　　　　　　　　　　　　　　知識、摘要、預測、澄清、提問、自
　　　　　　　　　　　　　　　　我激勵）
　　　　　　　　　　　　　　3. 應用「修正」策略

可遷移的概念　　　　複雜的過程

　　　　　　　概念：　　　　　　　 過程：

大概念　　　*1.* 情境脈絡的暗示　　　*1.* 做推斷（即：了解其中
　　　　　　2. 理解　　　　　　　　　 涵義）
　　　　　　3. 先備知識　　　　　　*2.* 適當應用個人的和批判
　　　　　　4. 體裁和文本結構　　　　 的閱讀態度
　　　　　　5. 「修正」閱讀策略
　　　　　　6. 自我激勵
　　　　　　7. 閱讀的「態度」
　　　　　　8. 個人的連結

原理和通則

原理和通則： U

1. 閱讀的目標是從文本理解意義。
2. 有效能的讀者使用特定策略來幫
　　助自己更有效理解（如：利用情
　　境脈絡的暗示、預測接下來的內
　　容、就文本提問、重讀）。
3. 不同類別的文本（如：敘事
　　的、懸疑的、傳記的、說明
　　的、勸說的）有不同的結構。
4. 理解文本的結構有助於理解
　　文本的意義。

知識的結構

主題：

事實型知識	個別的技能
K	**S**

可遷移的概念　　複雜的過程

大概念

原理和通則

U

範例

階段一

階段二

階段三

同儕評論

練習

作業單

詞彙

重理解的課程設計——專業發展實用手冊

大概念……
（特色描述）

1. 對於排列內容優先順序提供「概念的透鏡」。

大概念是指應該作為課程、教學，以及評量之焦點的核心概念、原理、理論、過程。大概念反映了專家層次的理解，並且使學習領域中的論述、探究、發現，以及爭論有所根據。大概念提供了設定課程優先順序的基礎，以利聚焦在最有意義的內容上。

2. 作為連結重要事實、技能，以及行為的組體。

對所學習的主題而言，大概念的作用是「概念的維可牢」（conceptual Velcro），能將個別的知識和技能連結到更大的認知架構，並且能串連特定的事實和技能。課程聚焦在這些較大的概念上，能幫助學生了解課程內容的目的和相關性。

3. 能遷移到其他的情境脈絡。

個別的事實無法遷移，大概念很有用，是因為它們包括了可以遷移的概念，可以被應用到其他的主題、其他的探究、其他的情境脈絡，以及其他的議題和問題。由於不可能把所有的知識涵蓋在某個主題之下，聚焦在大概念上有助於處理資訊超載情形。大概念提供了概念的直通線，可作為使課程連貫的根據。

4. 在學科之間以各種方式來顯示。

大概念經常透過一種以上的類型來顯示：核心概念（如：「適應」）、有焦點的主題（如：不人道的對待）、持續的問題或辯論（如：保守主義對自由主義）、令人困惑的弔詭之事（如：富足中見貧窮）、重要的程序（如：寫作過程）、真實的問題或持續的挑戰（如：文盲、選民的冷漠）、容易理解的理論（如：「大天命」）、背後的假設（如：市場機制是理性的），或者不同的觀點（如：恐怖份子對自由鬥士）。下面幾頁會再提供這些類型大概念的其他實例。

5. 性質抽象，需要跨內容的教學。

大概念原本就是抽象的，其意義對學生而言不一定明確，因此只在課程中涵蓋大概念（如：由教師或教科書來界定大概念），無法確保學生理解。「按內容」（coverage）教學不可能產生真實的洞見；理解必須從努力中獲得。因此，大概念必須被發現：在教師及設計良好的學習經驗之輔助下，由學習者發現、建構或推論其意義。

整個設計過程中的大概念反思

階段一：期望的學習結果

既有目標：

大概念常常內含在課程目標或學科學習標準之中，有時則明白敘述。請找出關鍵概念，或考慮以關鍵名詞呈現的概念。

理解事項： 　　**主要問題：**

學生將理解……

此處會明確強調大概念。

學生將知道…… 　　學生將能夠……

此處會暗示大概念，請考慮與事實連結的較大概念，以及熟練技能的較大目標。

階段二：評量結果的證據

實作任務：	**其他證據：**
實作任務的應用重點應該是，經常聚焦在大概念和有效利用大概念（就像學習任務準則和評分指標所反映的）。	隨堂測驗、正式測驗，以及提示卡都應該和大概念有關（如：以口頭或書面問題呈現一個以上的主要問題）。

階段三：學習計畫

學習活動：

學習活動的計畫應該確保學生能透過探究活動和具體教學活動來發現大概念。整體的課程目標是在幫助學習者理解課程內容、將個別的事實和技能連結到更大的概念、以有意義的方式應用這些知識，以及了解學習活動的目的。

範例
階段一
階段二
階段三
同儕評論
練習
作業單
詞彙

範例

階段一

階段二

階段三

同儕評論

練習

作業單

詞彙

大概念的顯示

大概念通常會以一種以上的下列形式顯示。

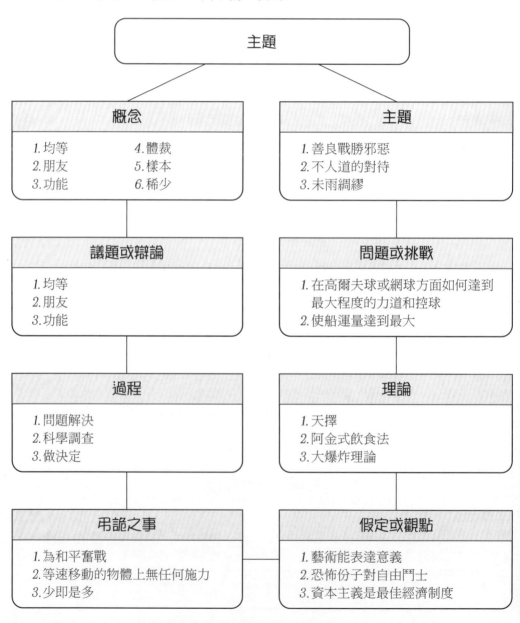

主題

概念
1. 均等　　4. 體裁
2. 朋友　　5. 樣本
3. 功能　　6. 稀少

主題
1. 善良戰勝邪惡
2. 不人道的對待
3. 未雨綢繆

議題或辯論
1. 均等
2. 朋友
3. 功能

問題或挑戰
1. 在高爾夫球或網球方面如何達到
　 最大程度的力道和控球
2. 使船運量達到最大

過程
1. 問題解決
2. 科學調查
3. 做決定

理論
1. 天擇
2. 阿金式飲食法
3. 大爆炸理論

弔詭之事
1. 為和平奮戰
2. 等速移動的物體上無任何施力
3. 少即是多

假定或觀點
1. 藝術能表達意義
2. 恐怖份子對自由鬥士
3. 資本主義是最佳經濟制度

概念——可遷移的大概念

實例	
☐ 豐富或稀少	☐ 公平
☐ 接受或拒絕	☐ 友誼
☐ 適應	☐ 和諧
☐ 老化或成熟	☐ 榮譽
☐ 平衡	☐ 互動
☐ 挑戰	☐ 互賴
☐ 改變或持續	☐ 發明
☐ 角色	☐ 正義
☐ 社區	☐ 自由
☐ 衝突	☐ 忠誠
☐ 連結	☐ 移民
☐ 合作	☐ 心境
☐ 相關	☐ 秩序
☐ 勇氣	☐ 模式
☐ 創造力	☐ 觀點
☐ 文化	☐ 生產或消費
☐ 週期	☐ 證明
☐ 防衛或保護	☐ 存活
☐ 民主	☐ 重複
☐ 發現	☐ 節奏
☐ 多元性	☐ 象徵
☐ 環境	☐ 系統
☐ 均衡	☐ 技術
☐ 演化	☐ 暴政
☐ 擴展	☐ 富有
☐ 其他 _____	
☐ 其他 _____	

從主題到大概念

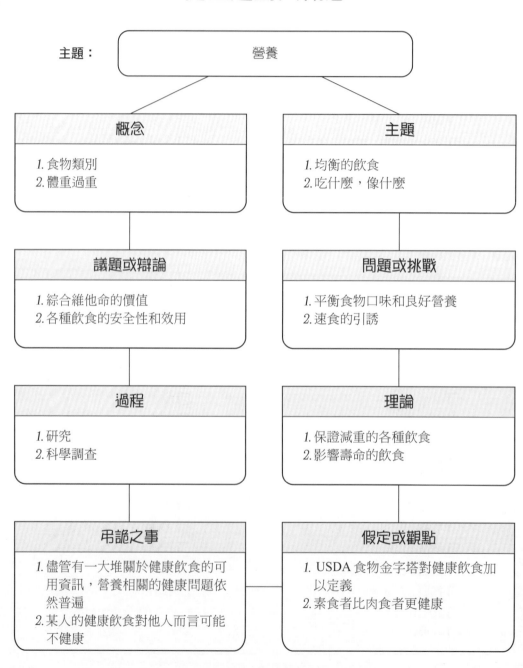

主題： 營養

概念	主題
1.食物類別 2.體重過重	1.均衡的飲食 2.吃什麼，像什麼

議題或辯論	問題或挑戰
1.綜合維他命的價值 2.各種飲食的安全性和效用	1.平衡食物口味和良好營養 2.速食的引誘

過程	理論
1.研究 2.科學調查	1.保證減重的各種飲食 2.影響壽命的飲食

弔詭之事	假定或觀點
1.儘管有一大堆關於健康飲食的可用資訊，營養相關的健康問題依然普遍 2.某人的健康飲食對他人而言可能不健康	1.USDA 食物金字塔對健康飲食加以定義 2.素食者比肉食者更健康

從主題到大概念

主題：

向西遷徙和大草原的生活

概念

1. 墾拓者
2. 殖民
3. 適應

主題

1. 艱困使國家強壯
2. 「墾拓者精神」

議題或辯論

進展——殖民者定居對原住民失去家園

問題或挑戰

1. 度過嚴苛危險的邊境住民生活
2. 文化衝突

過程

歷史探究（我們如何發現墾拓者的真實生活？這些是誰的故事？）

理論

1. 美國原住民是「尊貴的野蠻人」
2. 大天命

弔詭之事

1. 墾拓者對自由和發達的幻想是吸引他們前往西部的關鍵
2. 在「自由之地」的賣身僕人

假定或觀點

西部是「機會之地」

範例

階段一

階段二

階段三

同儕評論

練習

作業單

詞彙

重理解的課程設計——專業發展實用手冊

從主題到大概念

確定單元主題之後，請利用下列各項腦力激盪可能的大概念。

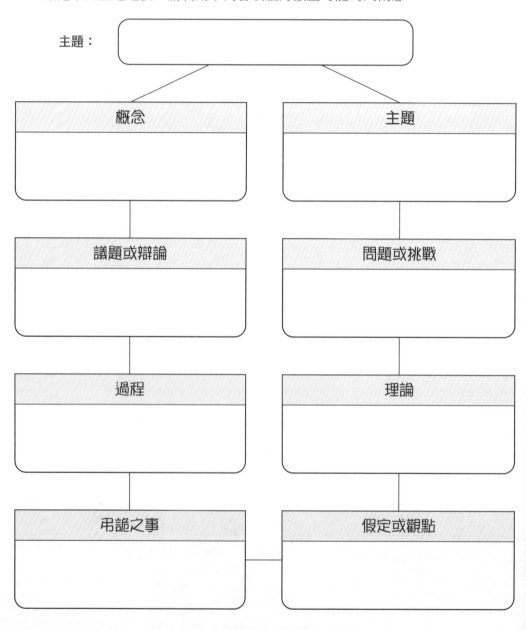

主題：

概念	主題

議題或辯論	問題或挑戰

過程	理論

弔詭之事	假定或觀點

找出技能中的大概念
勸說文

　　大概念是核心的、有組織的概念，能對個別的事實和技能賦予意義並加以連結。大概念是學科的核心概念，有持久的重要性、能遷移到其他的探究，以及會因為不夠明確而需要澄清。

　　在技能領域的大概念可根據下列來考慮：

　1. 關鍵概念——勸說文中的「勸說」。

　2. 目的、重要性——勸說意在影響信念和行為。

　3. 策略——有效的勸說者會努力了解他們的對象。

　4. 情境脈絡——知道何時應用邏輯、何時訴諸情感。

　　確定重要的技能項目之後，請利用下列空白處腦力激盪大概念。

關鍵概念	目的、重要性
1. 勸說 2. 對象 3. 心對腦	1. 影響信念和行為 2. 宣傳、廣告

技能：
　　勸說文

策略	情境脈絡
1. 研究對象 2. 邏輯順序 3. 一圖對千字	1. 邏輯（以事實、證據、理由為本） 2. 情感上的吸引

找出技能中的大概念

　　大概念是核心的、有組織的概念，能對個別的事實和技能賦予意義並加以連結。大概念是學科的核心概念，有持久的重要性、能遷移到其他的探究，以及會因為不夠明確而需要澄清。

　　在技能領域的大概念可根據下列來考慮：

　1.關鍵概念——作為技能實作表現之基礎的大概念。

　2.目的、重要性——哪些是該技能的結果？

　3.策略——哪些能力會加強效能？

　4.情境脈絡——何時應用技能或策略？

　　確定重要的技能項目之後，請利用下列空白處腦力激盪大概念。

關鍵概念	目的、重要性

技能：

策略	情境脈絡

澄清學科內容的優先學習項目

營養（五～七年級）

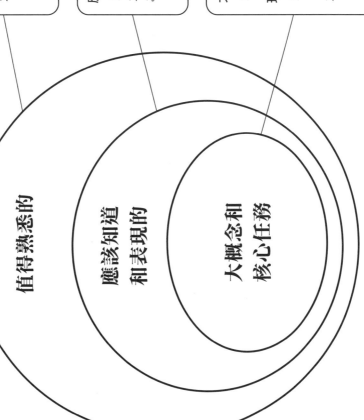

熟悉：

1. 一般的飲食習慣和過去的菜單
2. 需要限制飲食的不同情況，例如高血壓、糖尿病、胃潰瘍（在醫學院胃潰瘍被認為是更嚴重的病）

應該知道和表現的： Ⓚ Ⓢ

1. 各大類中的各種食物及其營養價值
2. USDA 食物金字塔準則
3. 食物標示上的營養資訊及如何解讀

大概念： Ⓤ

1. 均衡的飲食　2. 營養的需求

理解事項：

1. 「吃什麼，像什麼」，飲食會影響你的健康、外表、做事績效。
2. 根據年齡、活動程度、體重，以及不同的健康考慮，每個人有不同的飲食需求。

值得熟悉的

應該知道和表現的

大概念和核心任務

範例

階段一　階段二　階段三　同儕評論　練習　作業單　詞彙

澄清學科內容的優先學習項目

統計（高中或大學）

熟悉：
1. 對現代統計學的發展有貢獻的關鍵人物（Blaise Pascal 和 Lewis Terman）
2. 鐘形曲線（常態分配）的歷史

K **S**

應該知道和表現的：
1. 表示集中趨勢的量數：平均數、中數、眾數、全距、標準差
2. 統計的術語
3. 資料的呈現：長條圖、線圖、莖葉圖
4. 各種統計公式

U

大概念：
1. 樣本　2. 模式　3. 預測　4. 相關
5. 信心水準

理解事項：
1. 統計分析常常透露證明有用或有意義的模式，模式則能預測。
2. 有時抽樣比一一計數更有效。
3. 相關不代表有因果關係。
4. 統計可以揭曬事實也可以掩藏事實。

值得熟悉的

應該知道和表現的

大概念和核心任務

澄清學科內容的優先學習項目

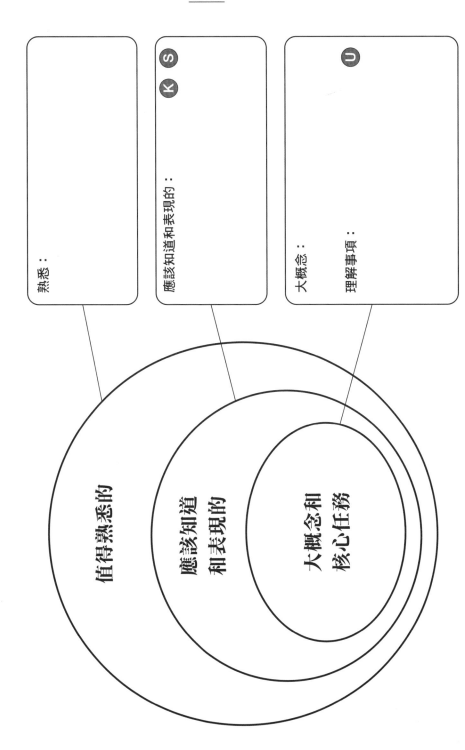

熟悉：

應該知道和表現的：

K S

大概念：

理解事項：
U

值得熟悉的

應該知道
和表現的

大概念和
核心任務

範例

階段一

階段二

階段三

同儕評論

練習

作業單

詞彙

找出主要問題和期望的理解
科學方法

　　使用一則以上的下列問題來過濾主題或大概念，以找出可能的主要問題和期望的理解。

主題和大概念：

科學方法

這個概念或主題產生的主要問題是什麼？具體而言，關於這個概念或主題，什麼是你想要學生獲得的理解？

1. 為什麼要學習科學方法？那有什麼關係？
2. 什麼因素使科學方法的學習很普遍？
3. 如果科學方法的單元是故事，其教訓為何？
4. 科學方法的技巧或過程所暗示的大概念是什麼？
5. 科學方法所強調的較大概念、較大議題或較大問題是什麼？
6. 如果我們未能理解科學方法時，能怎麼做？
7. 如何在更大的世界中應用科學方法？
8. 什麼是對科學方法的實際洞見？
9. 什麼是學習科學方法的價值？

主要問題： Q

1. 科學知識如何產生、如何驗證？
2. 什麼是科學？在科學方面，我們如何知道該相信什麼？

理解事項： U

1. 科學涉及有系統地分離及控制相關變項（它不只是嘗試錯誤的過程）。
2. 科學理論透過複製來驗證。

找出主要問題和期望的理解

音樂

使用一則以上的下列問題來過濾主題或大概念，以找出可能的主要問題和期望的理解。

主題和大概念：

> 音樂理論

這個概念或主題產生的主要問題是什麼？具體而言，關於這個概念或主題，什麼是你想要學生獲得的理解？

1. 為什麼要學習音樂理論？那有什麼關係？
2. 什麼因素使音樂理論的學習很普遍？
3. 如果音樂理論的單元是故事，其教訓為何？
4. 音樂理論的技巧或過程所暗示的大概念是什麼？
5. 音樂理論所強調的較大概念、較大議題或較大問題是什麼？
6. 如果我們未能理解音樂理論時，能怎麼做？
7. 如何在更大的世界中應用音樂理論？
8. 什麼是對音樂理論的實際洞見？
9. 什麼是學習音樂理論的價值？

主要問題： Ｑ

1. 哪些因素使音樂吸引人？
2. 音樂如何表達感覺、引發情感？

理解事項： Ｕ

1. 精心安排的休止音程能使音樂更富轉折。
2. 在熟悉的旋律、和聲、節奏，以及行進之間加入驚喜，是音樂創作的重心。

找出主要問題和期望的理解

有提示的課程設計工具

使用一則以上的下列問題來過濾主題或大概念，以找出可能的主要問題和期望的理解。

主題和大概念：

這個概念或主題產生的主要問題是什麼？具體而言，關於這個概念或主題，什麼是你想要學生獲得的理解？

1. 為什麼要學習_____？那有什麼關係？
2. 什麼因素使_____的學習很普遍？
3. 如果_____單元是故事，其教訓為何？
4. _____的技巧或過程所暗示的大概念是什麼？
5. _____所強調的較大概念、較大議題或較大問題是什麼？
6. 如果我們未能理解_____時，能怎麼做？
7. 如何在更大的世界中應用_____？
8. 什麼是對_____的實際洞見？
9. 什麼是學習_____的價值？

主要問題：　　　　　　　　　　　　　　　　Q

理解事項：　　　　　　　　　　　　　　　　U

從大概念做初步設計
統計

既有目標：

所有學生都能藉由理解生活中的數學概念，以及數學及數學模式在其他學科所扮演的角色，而將數學連結到其他的學習領域。

——紐澤西州數學科標準第 3 條

理解事項：

1. 統計可以表現複雜的現象或建立其模式。
2. 統計可被操控以遮蔽事實。
3. 要達成「公平」的決定有各種數學方法。

主要問題：

1. 數學表示法和數學模式的限制有哪些？
2. 哪些數學模式可以提供「最公平」的排序？
3. 什麼是「平均數」？
4. 數學如何幫助我們做決定（如：評分、投票、排行）？

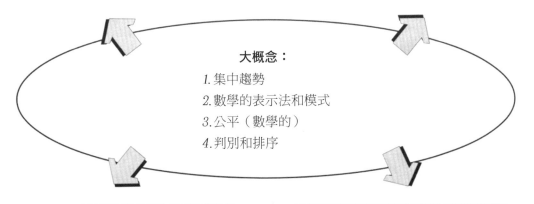

大概念：

1. 集中趨勢
2. 數學的表示法和模式
3. 公平（數學的）
4. 判別和排序

可預測的錯誤理解和錯誤：

1. 計算「平均數」或判定多數的一方是最公平的方法。
2. 統計從不隱瞞事實。
3. 數學無法幫助我們處理對於公平的不同意見。

目標或理據：

我要學生理解各種集中趨勢計算法的不同用途和優缺點。我要學生知道數學在日常生活中的重要性，包括處理意見的問題。這些認識會促使學生更了解統計學，以及澄清對於或然率、公平性的誤解。

範例　階段一　階段二　階段三　同儕評論　練習　作業單　詞彙

重理解的課程設計──專業發展實用手冊

從大概念做初步設計
閱讀

既有目標：

學生要閱讀，並且以個別的、文學的、批判的和評鑑的方式，對文學的、資訊的、勸說的文本提出回應；學生透過對文本提出初步的回應，以及說明文本的一般內容和目的來描述文本；學生會在聽、讀、寫之前、之中、之後，指出問題。

　　　　　　　　　　──康乃迪克州語文課程標準第 1 條：閱讀和回應

理解事項： Ⓤ

1. 閱讀涉及理解文本，不只是字句的解碼。
2. 有時作者會以間接方式表達其想法，讀者必須推斷作者的意思。
3. 朋友是值得信任的人，他們會照顧到我們的利益。
4. 真正的友誼常常在困難的時候顯現出來。

主要問題： Ⓠ

1. 哪些是優良的讀者所做的事？
2. 為什麼作者或說者有時候表達的意思超出其所寫或所說？
3. 我們如何了解字裡行間的涵義？
4. 誰是真正的朋友，如何知道？

大概念：

1. 解讀意義
2. 非直接表達
3. 摯友對點頭之交
4. 酒肉朋友

可預測的錯誤理解和錯誤：

1. 閱讀就是字句的解碼。
2. 書上寫的一定是真的。
3. 作家總是想什麼就寫什麼。
4. 朋友就是你想一起玩樂的人。
5. 朋友不吵架。

目標或理據：

我有兩個並存的目標：(1)發展更高的解讀意義技巧；以及(2)對真實友誼的特色獲得更多的理解。透過《蟾蜍是好友》（*Frog and Toad Are Friends*）及其他故事，我要學生學到，仔細閱讀和思考能幫助我們探究困難的問題。

從大概念做初步設計
歷史

既有目標：

學生能了解南北戰爭的起因和影響，其重點放在奴隸制度、各州權力、領導、西部移民、南部脫離邦聯，以及軍事事件。

——維吉尼亞州學科學習標準：歷史 5.7

理解事項：

1. 複雜的歷史事件極少只有一個明確的成因。
2. 歷史是「故事」，說故事者會影響歷史如何呈現。
3. 南北戰爭的關鍵成因包括各州權力不一、南方和北方的文化和經濟差異，以及對奴隸制度的爭議。
4. 南北戰爭的遺緒（legacy）仍然可從地區差異、全國和地方的政治形態，以及文化價值的問題感受到。

主要問題：

1. 哪些是南北戰爭的明確（及不明確）成因？
2. 南北戰爭是誰的「故事」？
3. 曾經出現過「正義的」戰爭嗎？
4. 為什麼兄弟會相互殘殺？
5. 南北戰爭以哪些方式仍然影響我們？

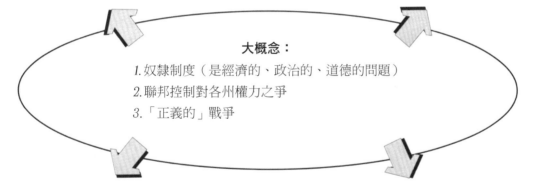

大概念：

1. 奴隸制度（是經濟的、政治的、道德的問題）
2. 聯邦控制對各州權力之爭
3. 「正義的」戰爭

可預測的錯誤理解和錯誤：

1. 這場戰爭是為了對抗奴隸制度的不道德而戰，「好人」贏了戰爭。
2. 如果歷史書上有寫，那一定是真的。
3. 大多數事件都有明確的單一成因和明確的影響。

目標或理據：

我要學生學到：南北戰爭很複雜，其意義會隨著時間改變、對不同地區有不同意義，而且至今仍然影響我們及我們的看法。我也要學生認識戰爭的可怕，體會戰爭對家庭和自我意義的影響（就如 Ken Burns 的「南北戰爭」影帶系列所傳達的那樣完整）。

範例　階段一　階段二　階段三　同儕評論　練習　作業單　詞彙

重理解的課程設計──專業發展實用手冊

從大概念做初步設計

既有目標： **G**

理解事項： **U**　　主要問題： **Q**

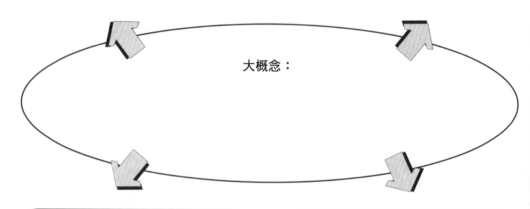

大概念：

可預測的錯誤理解和錯誤：

目標或理據：

主要問題的概念獲得

第一部分——詳讀以下的實例和非實例,以判別主要問題的共同特徵。將這些特徵列在下面的空格內。

主要問題	非主要問題
1. 生物學中的「形態」和「功能」有什麼相關?	7. 蜘蛛有幾隻腳?大象如何使用牠的象鼻?
2. 有效能的作者如何吸引及維持讀者的注意?	8. 什麼是「預示」?你能從這個故事找出預示的例子嗎?
3. 當科技改變時,誰是「贏家」、誰是「輸家」?	9. 「technology」一詞的原始意義是什麼(源自希臘字根 techne)?
4. 不明確的陳述還算是定理嗎?	10. 由哪些原理可以證明畢氏定理?
5. 哪些因素能區分外語流利者和講母語者之間的差異?	11. 哪些是法國的俗語?
6. 如果我們無法計時,生活會有什麼不同?	12. 一小時有幾分鐘?一天有幾小時?

列出主要問題的共同特徵:

第二部分——利用你列出的特徵作為標準,來判別下列哪些是主要問題。在每個舉例之後圈選「是」或「否」。

	是	否
13. 在文學上,「受歡迎」和「偉大」之間的關係是什麼?	☐	☐
14. 英國的大憲章於何時簽署?	☐	☐
15. 甲殼類動物——牠們是怎麼一回事?	☐	☐
16. 美國哪一任總統曾留下最令人失望的政績?	☐	☐
17. 什麼是線性方程式?	☐	☐
18. 常識和科學有多大程度的關聯?	☐	☐

重新界定主要問題的關鍵特徵:

主要問題舉例

(一)算術（計數）

1. 什麼是數字？為什麼會有數字？如果沒有數字的話會怎樣？

2. 每件事都可以量化嗎？

(二)藝術（視覺和表演）

1. 藝術家從何處獲得創作的想法？

2. 藝術如何反映和形塑文化？

(三)廚藝

1. 什麼時候不按食譜烹調是可以的？

2. 哪些因素能確保廚房的安全？

(四)舞蹈

1. 我們可以透過舞蹈的語言表達什麼？如何表達？

2. 在哪些方面動作能引發情感？

(五)經濟

1. 哪些因素決定了價值？

2. 總體經濟能促進個體經濟嗎（反之亦然）？

(六)外語

1. 哪些因素能區分外語流利者和講母語者之間的差異？

2. 關於母語和自身文化，我們能從研習另一種語文學到些什麼？

(七)地理

1. 哪些因素使一些地方與眾不同？

2. 居住之地如何影響我們的生活？

(八)政府

1. 誰應該做決定？

2. 我們應該如何平衡個人權利和群體的共同利益？

(九)健康

1. 什麼是健康的生活？

2. 為什麼某人的健康飲食，對另一人而言卻不是健康飲食？

主要問題舉例（續）

㈩歷史

1. 歷史是誰的故事？歷史是贏家所說的故事嗎？
2. 我們能從過去學到些什麼？

㈠文學

1. 哪些因素能成就一本偉大的書？
2. 小說能夠揭露事實嗎？故事是否應該教導你一些事情？

㈡數學

1. 什麼時候「正確」答案不是最佳解決方案？
2. 數學表示法和數學模式的建立有哪些限制？

㈢音樂

1. 在不同的音樂形式中聲音和停頓如何編排起來？
2. 音樂在世界上扮演什麼角色？

㈣體育和運動

1. 誰是贏家？
2. 對運動的進步而言，疼痛是必要的嗎（「一分耕耘，一分收穫」）？

㈤閱讀和語文

1. 哪些因素能成就一本偉大的書？
2. 如何閱讀文句中的涵義？
3. 為什麼要加標點？如果沒有標點符號會怎麼樣？

㈥科學

1. 常識和科學有多大程度的關聯？
2. 生物學中的「形態」和「功能」有什麼相關？

㈦科技

1. 在哪些方面，科技能加強表達和溝通？在哪些方面則會阻礙表達和溝通？
2. 科技發展的優缺點有哪些？

㈧寫作

1. 人們為什麼寫作？
2. 有效能的作者如何吸引及維持讀者的興趣？
3. 什麼是完整的思考？

主要問題

（特色描述）

Q

1. 沒有簡單的「正確」答案；主要問題應該要能引起爭辯。

主要問題會產生探究和爭辯——各種看似合理的（可爭辯的）回答，而非結束問題的直截了當之事實資訊。主要問題的作用是導入有焦點卻靈活的提問和研究，這些問題應該發現學科中有爭議的問題、難題或觀點，而不是涵蓋而已。其目的在導致學習者下結論，而非引用事實資訊，例如，藝術有助於反映文化或有助於形塑文化？我們會視而不見嗎？為什麼「觀察者」能看到我們其他人未看到的事？藝術家會觀察得更清晰或會觀察到其他地方嗎？

2. 雖然聚焦在學習及最後的表現，但其設計在引發及維持學生的探究。

當主要問題的設計及編輯在引發學生思考，以及吸引他們專注在持續的、聚焦的探究之上——這些探究最後能累積為重要的學習表現，則主要問題將發揮最大作用。而這類主要問題常常包括反直覺的、出自內心的、異想天開的、有爭議的，以及能引發討論的問題，例如，網際網路是否對兒童有害？審查制度和民主制度是否相容？對你有益的食物是否一定味道很差？人們為什麼寫作？學生探究這些問題時，他們就會發展及深化對重要概念的理解。

3. 常常探究某個學科的概念基礎或哲學基礎。

主要問題反映了學習領域內歷史最悠久的重要議題、重要問題和重要爭論，例如，歷史的偏見無可避免嗎？證據是什麼？天性或教養，何者重要？藉由審視這些問題，學生會像專家一樣地投入思考。

4. 引起其他重要的問題。

引發思考的主要問題會自然而然產生，這些問題會導向學科內的其他重要問題，有時甚至導向跨學科領域的問題。例如，「在自然界，是否只有強者能存活？」的問題導向「我們所指的『強者』是什麼？」、「昆蟲是強者嗎（因為牠們存活下來）？」，以及「在心理上很堅強的意義是什麼？」等問題。同時也進一步導入對人類生物學和生理物理學的探究。

5. 會自然而然地適當重現。

在整個個人學習過程和學習領域的發展歷史之中，相同的重要問題一再被問起，例如，哪些因素成就偉大的書？哈利波特小說系列是偉大的書嗎？這些問題可以被一年級學生和大學生一再有效檢視。隨著深化其理解，學生的回答會與時俱進而變得更複雜、更細微、理由更充分和更有支持力。

6. 刺激對大概念、假定，以及之前所學的持續重要思考。

主要問題挑戰我們未檢視過的假定、挑戰對以往所學不可避免的簡化，以及挑戰我們不加思索就接受的論據。主要問題迫使我們對於理解的本質、來源，以及範圍問更有深度的問題，例如，就分數、位值、無理數、負平方根而言，數字是什麼？以總統選舉人團運作是民主的方式嗎？朋友「是」誰？敵人的敵人是我的朋友嗎？如果故事沒有明確的情節或啟示，故事是什麼？歷史偏向是故事而非科學？若是如此，研讀歷史的涵義是什麼？

問題類型　Ⓠ

總括式問題

這些問題指向超越單元細節的、更大的、可遷移的大概念和持久的理解。就實際而言，在建構總括式問題時，往往不會提到特定的主題、事件或單元的文本，例如，「科幻小說是偉大的文學作品嗎？」對類似以《陌生之地的陌生人》（*Stranger in a Strange Land*）的特定文本為題之單元而言，都是總括式問題。

主題式問題

這些問題有具體的學科或具體的主題。主題式問題能建構學習單元，能引導探究大概念和特定學科之內的程序，例如，「《陌生之地的陌生人》有哪些部分是合理的？」能引導特定文學作品單元的探究。這個單元的問題可以連結到總括式問題「小說的故事有多『真實』？」這個問題是英文和語文的其他單元所探討的。

實例

藝術	面具單元
1. 藝術在哪些方面反映文化和形塑文化？ 2. 藝術家如何選擇工具、技術，以及材料來表達他們的想法？	1. 面具及其使用揭露了哪些文化的涵義？ 2. 哪些工具、技術，以及材料被用來創作代表不同文化的面具？
文學	**懸疑小說單元**
1. 哪些因素造就偉大的故事？ 2. 有效能的作者如何吸引及維持讀者的注意？	1. 懸疑小說的體裁有什麼獨特之處？ 2. 偉大的懸疑小說家如何吸引及維持讀者的注意？
科學	**昆蟲單元**
1. 生物的結構如何使牠們在環境中生存？ 2. 生物如何在嚴苛的或變化的環境中存活？	1. 昆蟲的構造和行為如何使牠們存活？ 2. 昆蟲如何隨著環境的改變而存活？
數學	**平行假定單元**
1. 如果定理就像是遊戲的規則，我們何時應該改變規則？	1. 為什麼定理如此複雜？ 2. 哪些是被我們否定或認為不真實的事？
歷史和政府	**美國憲法單元**
1. 政府如何平衡個人的權利和群體共同利益？ 2. 我們為什麼要對政府權力加以制衡？又如何制衡？	1. 憲法在哪些方面有意限制政府權力的濫用？ 2. 權力畫分（政府三權）是否造成僵局？

初擬主要問題 Q

閱讀和文學

總括式主要問題	採用這些問題或產生新問題
1. 哪些因素造就偉大的書或偉大的故事？ 2. 在文學方面，受歡迎和偉大之間有什麼關係？ 3.「有益閱讀」的書就是偉大的書嗎？	
4. 人們為什麼閱讀小說？ 5. 小說的故事會是「真實」的嗎？ 6.「小說」和「事實」之間有什麼關係？歷史 　小說是否代表一種衝突？	
7. 什麼是故事？來自其他時空背景的故事如何 　與我有關聯？故事必須有啟示嗎？ 8. 故事一定要有英雄和惡徒嗎？ 9. 故事或童話應該要教導我們一些事情嗎？	
10. 人們為什麼閱讀？我們能從出版品學到什麼？ 11. 所有的經驗都能轉化成文字嗎？ 12. 文學作品基本上是反映文化或形塑文化？在 　多大程度上書面的文本很保守？ 13. 在多大程度上這些文本很危險？	
14. 優秀的讀者會做些什麼？ 15. 當不了解文本時，讀者會怎麼做？ 16. 文本如何產生差異？我應該閱讀不同類別的 　文本嗎？	
17. 作者說了哪些重點？我們如何知道？ 18. 什麼是要旨？什麼是主要概念？ 19. 我們如何了解文句中的涵義？ 20. 我們如何知道自己了解重點，而不只是加入 　個人的看法和經驗？	
21. 我們從誰的觀點來閱讀？ 22. 哪些是作者的觀點角度？ 23. 當文本或作者之間不一致時，我們該怎麼做？	
24. 哪些是新的、哪些是舊的想法？ 25. 我們曾經突然有過這個想法嗎？ 26. 那又如何？為什麼這很重要？	

初擬主要問題

聽、說、寫

總括式主要問題	採用這些問題或產生新問題
1. 人們為什麼寫作？如果寫作這件事不存在，會怎麼樣？ *2.* 為什麼要在寫作中分享個人經驗？ *3.* 在多大程度上筆的力量大過武力？ *4.* 文字和口語有哪些差異？ *5.* 哪些因素使寫作的作品值得閱讀？	
6. 作家如何表達他們的想法和感覺？ *7.* 寫作的想法從哪裡產生？ *8.* 哪些因素使寫作順暢？	
9. 有效能的作家如何吸引及維持讀者的注意？哪些因素使作品容易被了解？ *10.* 什麼是最好的開頭？最好的結尾？ *11.* 什麼是最好的內容次序（順序）？ *12.* 什麼是完整的想法？	
13. 我為什麼要寫作？為了誰？ *14.* 透過寫作，我想達成什麼目標？ *15.* 誰會閱讀我的作品？ *16.* 對我的讀者而言，哪些寫法最有用？	
1. 人們為什麼說話？優秀的演講者所說內容聽起來如何？ *2.* 優秀的演講者如何表達他們的想法和感覺？哪些因素使他們容易被了解？ *3.* 口語和文字有哪些差異？ *4.* 什麼是肢體語言？為什麼要使用肢體語言？	
5. 我為什麼要說話？我想說什麼？ *6.* 我向誰說話？誰會聆聽？ *7.* 我如何幫助他們了解我所說的話？	
8. 優秀的聽者會聆聽什麼？ *9.* 人會充耳不聞嗎？	

（左側標註）寫作／說和聽

（右側標籤）範例／階段一／階段二／階段三／同儕評論／練習／作業單／詞彙

初擬主要問題

Q

歷史和地理

總括式主要問題	採用這些問題或產生新問題
1. 為什麼要研讀歷史？ 2. 我們能從過去學到什麼？ 3. 我們如何和過去的人物產生連結？ 4. 在多大程度上歷史不同於過去之事？	
5. 如何知道過去發生了什麼事？ 6. 我們可以從文化遺物做出哪些合理的推論？ 7. 主要資料來源不一致時我們該怎麼做？ 8. 我們相信誰？為什麼相信？ 9. 這是誰的「故事」？ 10. 歷史的偏見無可避免嗎？ 11. 歷史是「贏者」所說的故事嗎？ 12. 就任何的歷史事件而言，誰是「贏者」、誰是「輸者」？	
13. 哪些因素造成改變？哪些維持不變？ 14. 在編年史中，因果關係的模式如何顯現？ 15. 世界曾經如何改變？未來可能如何改變？ 16. 未從歷史學到教訓者注定重蹈覆轍，這一直是事實嗎？	
1. 為什麼「在何處」很重要？ 2. 為什麼_____會坐落在那裡？ 3. 哪些因素使某些地點獨特且不同？ 4. 哪些因素定義所謂的地區？ 5. 某個地區的地理、氣候，以及自然資源如何影響人們的生活和工作？ 6. 居住的地區如何影響我的生活？ 7. 人們為什麼遷居？	
8. 地圖和地球儀訴說了什麼故事？ 9. 地圖和地球儀如何改變？為什麼改變？ 10. 地圖和地球儀如何影響歷史？	

歷史的分析和詮釋

地理

初擬主要問題

政府和政治

總括式主要問題	採用這些問題或產生新問題
1. 為什麼人民需要治理或統治？ 2. 多數族群應該一直統治嗎？ 3. 為什麼要有法律和規定？ 4. 誰應該制定法律和規定？ 5. 違反法律終究會沒事嗎？ 6. 在多大程度上社會應該要控制個人？ 7. 政府如何平衡個人權利和群體共同利益？ 8. 什麼是「不可剝奪的權利」？ 9. _____ 應該受到約束或限制嗎？（如：移民、酒或毒品、媒體）何時應該約束？由誰決定？	
10. 政府的組織和功能如何相互關聯？ 11. 在容忍及促進改變方面，不同的政治體系有什麼差異？ 12. 政治和經濟如何相互關聯？	
13. 個人責任和公民責任有哪些差異？ 14. 個人真的能產生影響嗎？ 15. 公民在民主政治中的角色和責任是什麼？ 16. 什麼是優秀的公民？ 17. 公民如何（同時以個人和集體方式）影響政府的政策？	
18. 什麼是權力？權力有哪些形式？ 19. 權力如何取得、如何利用，以及如何證實其效用？ 20. 濫用權力的情形如何避免？ 21. 兩黨制是最好的嗎？	
22. 哪些因素造就偉大的領袖？ 23. 偉大的領袖是養成的或天生的（天性或教養）？	

政府和政治

範例 | 階段一 | 階段二 | 階段三 | 同儕評論 | 練習 | 作業單 | 詞彙

初擬主要問題

Q

經濟和文化

總括式主要問題	採用這些問題或產生新問題
1. 我們為什麼有錢？ *2.* 需要和欲求之間有什麼差異？ *3.* 某些事物如何增加其價值？ *4.* 物品應該值多少錢？由誰決定？ *5.* 誰應該生產貨物和服務？ *6.* 自由市場機制如何影響我的生活、社區、社會和世界？ *7.* 政府應該如何規範企業和經濟？ *8.* 政府應該提供哪些貨物和服務？ *9.* 誰應該付費？誰應該受益？ *10.* 人人都應該工作嗎？ *11.* 「謀生」的意義是什麼？	
12. 科技如何影響人們的生活？如何影響社會？ *13.* 從科技的改變產生了哪些社會的、政治的，以及經濟的機會和問題？	
1. 「文明」的意義是什麼？ *2.* 現代的文明比古代的文明更文明嗎？ *3.* 我們為什麼應該研究其他文化？ *4.* 誰是文化上的「英雄」？他們揭露了哪些文化內涵？ *5.* 我們如何慶祝節日？為什麼要慶祝？ *6.* 文明和文化有哪些重要的象徵和圖像？ *7.* 我們紀念的是誰？是什麼？	
8. 文化衝突會發生什麼事？ *9.* 所有地區如何一致化？ *10.* 信仰如何改變？為什麼改變？ *11.* 人們為什麼互相爭鬥？衝突無可避免嗎？ *12.* 哪些事物值得爭鬥？ *13.* 有所謂「正義的」戰爭存在嗎？ *14.* 什麼是革命？革命無可避免嗎？	

經濟

文化

初擬主要問題

數學

Ｑ

總括式主要問題	採用這些問題或產生新問題
1. 這是哪一類問題？ 2. 最優秀的問題解決者會怎麼做？ 3. 當我們被問題卡住時該怎麼做？ 4.「以數學方式理解」指的是什麼？ 5. 什麼時候「正確的」數學答案並不是最佳解決方案？	
6. 什麼是數字？ 7. 每件事物都可以量化嗎？ 8. 如果沒有數字或無法使用數字，我們要怎麼辦？ 9. 為什麼會有負數、無理數、虛數？	
10. 什麼是模式？ 11. 我們如何發現模式？ 12. 模式能揭露什麼意義？	
13. 我們可以如何顯示_____？以哪些其他方式顯示（如何用其他方式）？ 14. 如何以最佳方式顯示部分和整體的關係？如何顯示模式？如何顯示順序？	
15. 數學模式的建立有哪些限制？ 16. 在哪些方面模式能說明事實？在哪些方面模式會扭曲事實？ 17. 數字（資料）如何遮蔽或誤導事實？	
18. 測量的對象如何影響測量方式？ 19. 測量的方式如何影響我們做結論？	
20. 什麼時候估計優於計數？什麼時候則否？ 21. 什麼時候簡化有益？什麼時候有害？ 22. 什麼時候應該舉實例？什麼時候則否？ 23. 要有多少（實例）才算足夠？	
24. 你有多麼確定？什麼是可能的邊際誤差？這有多正確（精確）？ 25. 這必須達到多正確（精確）？ 26. 證據是什麼？我有任何證據嗎？	

初擬主要問題

Q

科學和化學

總括式主要問題	採用這些問題或產生新問題
科學的特性 1.什麼是科學？科學和其他學門有什麼差異？ 2.科學知識如何產生和驗證？ 3.科學問題如何被回答？ 4.我們如何決定要相信哪些科學的聲稱？哪些是證據？ 5.科學和常識如何相關？意見如何影響科學探究？ 6.在科學發展方面，偶然機遇的角色是什麼？ 7.如何研究無法觀察的事物？ 8.如何測量無法量化的事物？ 9.哪些力量驅動科學和技術的進步？ 10.在哪些方面，技術的進步影響科學的探究？ 11.科學和技術的進步會如何影響社會？	
化學 1.週期表是如何編排的？ 2.具有相同化學成分的物質為什麼會不同（如：石墨、鑽石）？ 3.如何保存能量？ 4.如何保存物品？ 5.物質如何回收或廢棄？ 6.水的獨特化學、物理特性如何使地球可能產生生命？ 7.在生命的分子結構多樣性方面，碳扮演了什麼角色？ 8.在生物上很重要的分子結構（如：碳水化合物、脂肪質、蛋白質、核酸），其結構如何說明其功能？ 9.酵素如何調整化學反應的速率？ 10.在運動時為什麼需要大口呼吸？ 11.為什麼會形成臭氧層破洞？如何形成？ 12.酸雨如何發生？	

初擬主要問題

Q

科學

總括式主要問題	採用這些問題或產生新問題
生命科學 1. 我們如何了解自然世界及人類在其中的地位？ 2. 如何將我們周遭的事物加以分類？ 3. 什麼是生命的基礎？ 4. 如何證明細胞構成生物體？ 5. 生物體的特徵如何代代相傳？ 6. 在生物上，形態和功能如何相關？ 7. 生物的構造和行為模式如何使生物得以生存？ 8. 生物如何在嚴苛的或改變的環境下生存？ 9. 物種如何隨著時間改變？ 10. 新的族群如何透過天擇而發展？ 11. 什麼是生物的生命週期？ 12. 生物如何獲得及利用能量？ 13. 能量如何移動？能量會往何處去？ 14. 什麼是系統？ 15. 系統之間如何互動？ 16. 生態系統如何因應變遷？ 17. 這是個健康的地方嗎？有什麼證據？	
物理學 1. 力和運動有什麼關聯？ 2. 力如何影響物體的移動？ 3. 如何測量物體？ 4. 物體如何改變？為什麼改變？ 5. 能量如何保存？ 6. 物體如何保存？ 7. 物體和能量有什麼相關？ 8. 哪些自然現象是由熱氣產生？ 9. 機械如何使工作更容易？為什麼？ 10. 如何將能量轉換應用到今日的世界？ 11. 不同類型的原子之間有哪些關係，如果有的話？ 12. 在物體的不同狀態下，分子的結構如何排列？	

範例　階段一　階段二　階段三　同儕評論　練習　作業單　詞彙

初擬主要問題

Q

視覺和表演藝術

總括式主要問題	採用這些問題或產生新問題
1. 什麼是藝術？ 2. 何處可以發現藝術？ 3. 人們為什麼創作藝術？如何創作？ 4. 哪些因素造就藝術的「偉大」？ 5. 藝術如何表達其內涵？	
6. 藝術如何反映文化和形塑文化？ 7. 關於社會，藝術作品能告訴我們什麼？ 8. 我們能從研究他人的藝術作品學到什麼？ 9. 來自不同地區的藝術家如何探索及表達相似 　 的主題？	
10. 什麼是藝術的過程？ 11. 哪些因素影響藝術的表現？ 12. 藝術家從何處得到靈感？如何得到？ 13. 藝術家如何表現他們的想法？ 14. 關於創作者，藝術品的設計透露了什麼？ 15. 如何知道創作的過程已經完成？	
16. 如何「解讀」和理解藝術作品？ 17. 藝術的意義由誰來決定？ 18. 藝術品帶有訊息嗎？我們如何知道？ 19. 藝術品應該有訊息嗎？ 20. 一張圖會勝過千字文嗎？	
21. 情感或情緒如何透過音樂、視覺和動作來傳 　 達？ 22. 在哪些方面，技術的改變影響了藝術的表 　 達？ 23. 媒體本身就是訊息嗎？ 24. 有些媒體比其他媒體更好嗎（如：在表達特 　 定想法或情緒方面）？	
25. 藝術家對其欣賞者有責任嗎？對社會呢？ 26. 我們應該審查藝術的表達嗎？ 27. 美感應該超越功能嗎？ 28. 藝術比公共設施更重要嗎？ 29. 如果世界上沒有藝術，會怎麼樣？	

初擬主要問題 ^Q

各國語言

總括式主要問題	採用這些問題或產生新問題
1. 為什麼要學習另一種語言？ 2. 為什麼要研究另一種文化？ 3. 語言如何形塑文化？ 4. 文化如何形塑語言？ 5. 哪些因素能區分外語流利者和講母語者之間的差異？ 6. 為什麼一本字典不夠用？ 7. 當我的想法比表達能力更複雜時，該怎麼辦？ 8. 如何以簡單的措詞來表達複雜的想法？	

初擬主要問題 ^Q

健康和體育

總括式主要問題	採用這些問題或產生新問題
1. 什麼是健康的生活？什麼是幸福？ 2. 誰才是贏者？ 3. 體適能和健康有什麼關聯？ 4. 哪些因素構成終身的運動？ 5. 什麼時候有益的身體活動會對你無益？	
6. 最頂尖的運動員和隊伍會使用哪些策略？ 7. 在運動方面，疼痛對進步是必需的嗎？ 8. 如何獲得更大力量而不失去控制？ 9. 哪些類別的回饋最有用？ 10. 你如何最有效地利用回饋來改善表現？	

初擬主要問題 Q

媒體和技術

總括式主要問題	採用這些問題或產生新問題
1. 技術如何增進理解？ 2. 在哪些方面，技術能增進表達和溝通？在哪些方面則會阻礙表達和溝通？ 3. 技術的進步有哪些優缺點？ 4. 技術應該被控制嗎？由誰控制？ 5. 如何找出我們想要知道的事物？ 6. 哪些是最佳的資訊來源？ 7. 相對於只需要查詢的事物，哪些是需要記憶的事物？ 8. 哪些因素造成「真實的」資訊？ 9. 在相同的主題上，某些資訊會優於其他資訊嗎？我們如何判斷？ 10. 我們如何知道（從網際網路所聽到、讀到、看到的）該相信什麼？	

初擬主要問題 Q

教育

總括式主要問題	採用這些問題或產生新問題
1. 我們有哪些關於教與學的共同教育信念？ 2. 在多大程度上，政策、優先事項和行動反映了我們的教育信念？ 3. 人們如何知道我們是標準本位的學校和學區？ 4. 哪些教材內容值得被發現？ 5. 我們如何知道學生真的理解大概念？ 6. 我們正在評量每一件被重視的事物嗎？是否因為不予評量，有些重要事物因此無足輕重？ 7. 在多大程度上，教學既有吸引力又有效能？ 8. 我們要如何起而行，把標準應用到自己的工作中？ 9. 我們如何更聰明、更有效地工作？ 10. 你會讓自己的小孩上學嗎？	

找出技能領域的主要問題

統計、閱讀、運動

Q

　　常見於許多教師的共同誤解是，以理解大概念為重的教學在技能為焦點的領域中並不重要，例如初學識字、體育、數學。相反地，所有關於學習的知識都告訴我們，概念理解的教學對於產生更正確、更有效的技能表現很重要，技能領域的主要問題可根據下列來考慮：

1. 基礎的概念——哪些大概念是有效的技能表現之基礎？
2. 目的、重要性——這項技能為什麼重要？
3. 策略——表現技能時必須應用哪些策略？如何能使技能表現更有效率、更有效能？
4. 情境脈絡——何時應該使用這項技能或策略？

　　請針對重要技能項目，利用下列空白處腦力激盪想出可能的主要問題。

基礎的概念

1. 哪些因素構成合適的實例？
2. 你如何知道自己理解所讀的內容？
3. 扭矩如何應用在運動中？

目的、重要性

1. 我們為什麼要抽樣而不逐一計數？
2. 為什麼讀者應該常常監控自己的理解？
3. 扭矩和完成動作如何影響力道？

技能：

舉例來自
數學
閱讀
體育

策略

1. 如何選擇有代表性的實例？
2. 當優秀的讀者不了解文本時，他們會怎麼做？
3. 如何以最大力量出擊而不失控？

情境脈絡

1. 什麼時候抽樣會比一一計數更好？
2. 什麼時候你應該使用不同的「補救」閱讀策略？
3. 做出完成動作在何時會很重要？

重理解的課程設計──專業發展實用手冊

找出技能領域的主要問題　Ⓠ

　　常見於許多教師的共同誤解是，理解大概念的教學在技能為焦點的領域中並不重要，例如初學識字、體育、數學。相反地，所有關於學習的知識都告訴我們，概念理解的教學對於產生更正確、更有效的技能表現很重要，在技能領域的主要問題可根據下列來考慮：

1. 基礎的概念──哪些大概念是有效的技能表現之基礎？
2. 目的、重要性──這項技能為什麼重要？
3. 策略──表現技能時必須應用哪些策略？如何能使技能表現更有效率、更有效能？
4. 情境脈絡──何時應該使用這項技能或策略？

　　請針對重要技能項目，利用下列空白處腦力激盪想出可能的主要問題。

基礎的概念	目的、重要性

技能：

策略	情境脈絡

使用主要問題的訣竅 Ⓠ

1. 根據主要問題來組織課程、科目、課程單元、各節課教學，並使課程或教學「內容」能回答這些問題。

2. 選擇或設計明顯連結到主要問題的評量任務（預先設計）。這些評量任務及實作表現標準應該澄清，這些問題的可接受探究方式和答案看起來的實際樣貌如何。

3. 使每個單元的問題數量合理（二至五則），符合少即是多的原則。為學生擬訂學習的優先事項，使學習清楚聚焦在少數關鍵問題上。

4. 以所需要的「孩童用語」來架構主要問題，使這些問題更容易懂。修訂主要問題的用語，盡量使這些問題對該年齡層的學生有吸引力、能引發討論。

5. 確保每一位兒童理解主要問題及其價值。必要時進行調查或資訊的回饋，以確定做到這一點。

6. 為每個主要問題設計特定的具體探索活動及有關的具體問題。

7. 將主要問題排序，以利它們自然而然彼此連結。

8. 在課堂教學時提出這些主要問題，然後鼓勵學生根據這些問題來組織筆記內容，以清楚闡述這些問題對於學習和記筆記的重要性。

9. 幫助學生將主要問題個人化，要他們分享實例、個人故事和預感。鼓勵學生將剪報和人工製品帶到課堂上，使這些問題成為活的問題。

10. 為「解讀」問題分配足夠的時間——檢視次要的問題並探索其應用，分配時注意學生的年齡、經驗，以及其他的教學責任。使用問題和概念圖來顯示問題的相關性。

11. 和其他同事分享你的問題，使跨學科的課程設計及教學更有可能趨向連貫。為推動總括式問題在全校的應用，要求教師在教師辦公室、學科教師會議或課程設計專區，張貼他們所設計的問題；在教師通訊上編印這些問題以廣為流通；在教師會議和親師會時報告及討論這些問題。

其他訣竅：

_____

_____

_____

_____

_____

範例

階段一

階段二

階段三

同儕評論

練習

作業單

詞彙

針對建構持久理解的概念獲得 Ⓤ

第一部分──細讀下列舉例以判別有效建構的持久理解之共同特徵。

建構適當的理解	不當建構的理解
學生將理解……	學生將理解……
1.在自由市場的經濟中，價格是供需的作用。 2.真正的友誼會在艱難時期而非享樂時期顯露。 3.統計分析及資料呈現常常會揭露可能不明顯的模式。 4.在游泳方面，最有效率、最有用的划水方式涉及直接向後推移最大水量。 5.遺傳和經驗的互動會影響人的行為。	6.過去十年來長途電話的價格已經下降。 7.真正的友誼。 8.如何計算平均數、中數、眾數。 9.以自由式游泳時，他們不應該把手握成杯狀。 10.去氧核醣核酸（DNA）。

請列出建構適當的舉例之共同特徵：

第二部分──利用你列出的特徵作為標準，來判別下列哪些是有效建構的持久理解。在每個舉例之後圈選「是」或「否」。

	是	否
11.動物夏眠的概念。	☐	☐
12.USDA 食物金字塔，為均衡的飲食提供了相關的而非絕對的準則。	☐	☐
13.數學模式簡化了事實，以利找出有用的解決方案。	☐	☐
14.如何報時。	☐	☐
15.南北戰爭的成因和影響。	☐	☐
16.英國大憲章在一二一五年六月十五日簽署。	☐	☐

持久的理解

依學科排列的舉例

U

(一)算數（計數）

1. 數字是使人們可以表示數量、順序，以及速率的概念。
2. 不同的數字系統可以表示相同的數量（如：基數）。

(二)藝術

1. 最偉大的藝術家常常打破既有的傳統和技術，以更有效表達他們的所見所思。
2. 可得的工具、技術，以及資源都會影響藝術的表達。
3. 偉大的藝術探討人類存在經驗的普遍主題。

(三)商業和行銷

1. 任何商業都無法有效使所有消費者對相同的產品感到滿意，因此找出目標市場是必要的。
2. 消費模式會影響生產和行銷的決定。

(四)舞蹈

1. 舞蹈是一種形狀、空間、時機，以及能量的語言。
2. 動作可以傳達想法和感覺。

(五)經濟

1. 在自由經濟的體系中，價格是供需的作用。
2. 相對稀少性（relative scarcity）可能導致貿易和經濟的互相依賴或互相衝突。

(六)外語

1. 研究另一種語言和文化，能對我們自己的語言和文化提供洞見。
2. 意義係透過構句、語調，以及語法來傳達（能翻譯所有字詞，不代表能理解說者的意思）。

(七)地理

1. 一個地區的地形、氣候，以及自然資源會影響當地居民的文化、經濟、生活方式。
2. 所有地圖都扭曲了地球的區域、形狀、距離，以及方向的表現方式。

(八)政府

1. 民主的政府必須平衡個人權利和群體的共同利益。
2. 成文憲法對政府權力提出規範的條文和限制。
3. 不同的政治體系對於革新有不同的容忍度和促進方式。

持久的理解（續）

依學科排列的舉例

(九)**健康**

1. 根據年齡、活動程度、體重、新陳代謝，以及健康，每個人有不同的飲食需要。
2. 從事終身運動能促動身體和心理的健康。

(十)**歷史**

1. 歷史涉及到詮釋；歷史學家可以有不同意見，也的確有不同意見。
2. 歷史的詮釋受到個人觀點的影響（如：自由鬥士對恐怖份子）。

(十一)**媒體和技術**

1. 技術的進步代表新的可能性和新的問題。
2. 在網際網路上或書上的資訊不表示就是真實的。

(十二)**文學**

1. 小說家常常透過小說對人類的經驗提供洞見。
2. 有力的故事會透過安排問題──緊張、懸疑、兩難困境或不確定的情況，來吸引讀者注意。
3. 每個人都有權利對於文本的意義表達意見，但是某些詮釋比其他詮釋更適合文本。

(十三)**數學**

1. 有時，「正確的」數學答案對於真實的問題而言並不是最佳解決方案。
2. 捷思法（heuristics）是有助於解決問題的策略（如：把複雜的問題畫分成區塊、創造視覺的呈現方式、從期望的結果逆向思考、猜測後再查核）。
3. 統計分析及資料呈現常常能揭露不明顯的模式。

(十四)**音樂**

1. 停頓和音符一樣重要。
2. 流行音樂從強調曲調和歌詞轉為強調多層次的節奏。

(十五)**哲學和宗教**

1. 在判斷行為的道德方面，道德家對於行動的結果抑或個人的意圖最重要，意見不一。
2. 我們可藉由研究某個文化的宗教傳統而獲得對該文化的洞見。

持久的理解（續）

依學科排列的舉例

(共)體育和運動

1. 在球的遠處製造空間可以擴大防守，然後增加得分機會（如：棒球、足球、美式足球、曲棍球、水球，以及長曲棍球的比賽）。

2. 最有效率、最有用的游泳划水方式，涉及到直接向後把水撥開。

3. 在擲球（如：棒球、籃球）和擺動身體（如：高爾夫球、網球）時，適當地做出完成動作能增加準確度。

(七)閱讀／或語文

1. 有效能的讀者會利用特定策略來幫助自己更理解文本（如：使用情境脈絡的暗示、對作者提問、預測接下來的內容、重讀、做摘要）。

2. 不同的文本類別（如：敘事的、懸疑的、傳記的、說明的、勸說的）有不同的結構。

3. 理解文本的結構有助於更加理解其意義。

(八)科學

1. 科學的聲稱必須透過獨立的研究來證實。

2. 標準化的測量使人們能更正確描述實體的世界。

3. 有相關並不代表有因果關係。

(九)教學

1. 有效的教學來自於詳細深思的計畫。

2. 如果教學對學習者而言有吸引力、有意義，行為管理的需要就會減少。

3. 教師的工作不是教完整本教科書，教科書應該作為教學資源而不是課程大綱。

(十)寫作

1. 寫作的對象和目的（如：告知、勸說、娛樂）會影響文學技巧的應用（如：風格、語調、用字）。

2. 作者不一定會寫出所想的內容，間接的表達方式（如：諷刺、反語）要求讀者解讀文本的涵義，以發現作者的用意。

3. 標點符號和文法規則就像高速公路的標示和交通標誌，能引導讀者讀完全文而不至於混淆文意。

從目標或主題建構持久的理解

向西遷徙和大草原的生活

Ⓤ

已知單元目標或主題之後，利用下列的網絡組體腦力激盪可能的理解事項。

人們遷居西部是為了找到新的經濟機會，找到更大的自由，或逃避某些事情（例如：犯法逃逸）。

鐵道公司以誇大大草原生活順遂的廣告，誘惑人們遷居到西部。

目標或主題：

向西遷徙和
大草原的生活

就像所有的墾拓生涯一樣，墾拓者在大草原的生活充滿危險和艱辛。

墾拓者在西部的殖民，造成美國原住民「流離失所」。

從目標或主題建構持久的理解

已知單元目標或主題之後，利用下列的網絡組體腦力激盪可能的理解事項。

```
┌─────────────────┐                    ┌─────────────────┐
│                 │                    │                 │
│                 │                    │                 │
│                 │                    │                 │
│                 │                    │                 │
└─────────────────┘                    └─────────────────┘
         ╲                                    ╱
          ╲              ┌─────────────────────┐
           ╲             │ 目標或主題：          │
            ╲            │                     │
             ╲           │                     │
              ╲          └─────────────────────┘
               ╲                    ╲
      ┌─────────────────┐          ┌─────────────────┐
      │                 │          │                 │
      │                 │          │                 │
      │                 │          │                 │
      │                 │          │                 │
      └─────────────────┘          └─────────────────┘
```

範例

階段一

階段二

階段三

同儕評論

練習

作業單

詞彙

連結大概念以建構持久的理解

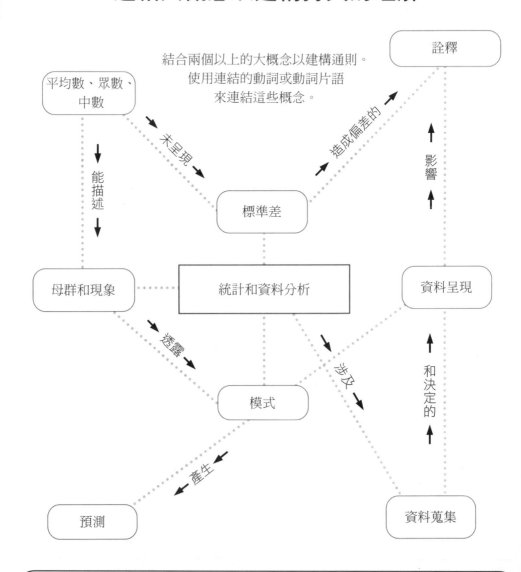

結合兩個以上的大概念以建構通則。
使用連結的動詞或動詞片語
來連結這些概念。

1. 統計能用來理解複雜的現象。
2. 資料分析常常揭露事物的模式，並且能做預測。
3. 資料的蒐集和呈現方式會影響對資料的詮釋。
4. 統計能揭露事實，也能誤導對事實的理解。

範例

階段一

階段二

階段三

同儕評論

練習

作業單

詞彙

兩大類的持久理解 Ⓤ

總括式理解

這些理解事項指向超越單元細節的、更大的、可遷移的洞見,而這些洞見是我們想要學生獲得的。總括式的理解事項常常反映了一整年的課程或幼稚園到高中階段課程之重點,但不會提到特定的主題、事件或單元之文本。

主題式理解

主題式的理解事項有具體的學科或具體的主題,其焦點是特定的洞見,這些洞見是我們要學生在學習某個單元時,針對該主題應習得的概念。主題式理解事項不太可能遷移到其他的主題。

=== 實例 ===

藝術

最偉大的藝術家常常打破既有傳統和技術,以更有效表達他們的所見所思。

印象主義單元

印象主義藝術家突破了傳統的繪畫形式,其方法係透過利用色彩和明暗來表現某個時刻光線反射的印象。

經濟

價格是供需的作用。

金錢單元(小學)

比尼娃娃(Beanie Baby)的價格視任何特定時間的需求和供貨量而定。

文學

現代小說顛覆了傳統故事的許多要素和規範,以呈現更真實、更吸引人的描述。

《麥田捕手》單元

荷頓・柯菲爾德不只是不信任大人的怪小孩,他還是個疏離人群的反英雄。

歷史和政府

民主政治需要自由的、有勇氣的媒體,這類媒體樂於質疑權威。

美國憲法單元

由媒體所揭發的水門事件代表了重大的憲政危機。

數學

數學使我們看出會被隱藏的模式。

統計單元

統計分析和圖表呈現常常揭露隱藏在看似隨機分散的資料或群體之中的模式,而這些模式能夠做出預測。

體育

在全程動作中緊縮的肌力會產生更大力量。

高爾夫單元

以完成動作做出的一擊,會增加所擊出的距離。

科學

重力不是實質的物體,而是描述所有下墜物體的固定加速度。

重力單元

垂直的高度而非落下時的角度和距離,決定了下墜物體的最終速度。

範例

階段一

階段二

階段三

同儕評論

練習

作業單

詞彙

持久的理解……

U

（特色描述）

1.涉及提供意義和重要事實資訊的大概念。

持久的理解是由概念、原理、理論所組成，這些成分將許多事實資訊編織成明顯有用的模式。持久的理解包含了（少數）有組織的優先概念，這些概念使我們能理解過去所學、能進行目前的探究，以及能創造新的知識。

2.能遷移到其他的主題、其他的領域，以及成人生活。

這類理解所以持久，是因為它能使我們在學習上做出重要的、能增進知識的連結——以學生的和成人的角色。例如，「有力量不代表有理」的概念不僅適用於遊戲場，也適用於國際外交。

3.通常不明確，常常是反直覺的、易被誤解的。

理解是推斷而非事實訊息，它是由探究所產生的洞見。在知識領域中（例如，物理學：若無作用力施加其上，物體會維持等速的移動），關鍵的理解常常違反常識和傳統的智慧，因此很容易被學生誤解。

4.可作為基本技能的概念基礎。

雖然在數學、外語，以及體育等技能本位的教學上，大多數單元似乎不涉及「理解」，但是所有技能都是從有助於如何及何時使用這些技能的策略性原則，產生其應用價值。這些理解也有助於驗證某項技能的使用（如：學生能說明，為什麼自由式游泳應該採用曲臂划水的動作），並且使學生能將該技能的利用延伸到新的情境（如：在仰泳時採用曲臂划水）。

5.刻意建構成通則——「故事的啟示」。

理解是由探究所產生的通則，它是從某個主題的學習所推論而來的特定洞見（不僅是主題的陳述）——我們要學生學習之後能實踐的概念。請注意：單個單元的持久理解可以是缺乏共識的理解，或者可以是關於該議題、所涉事實資訊，以及所涉文本等應該被如何理解的不同看法。

建構理解事項的訣竅

（U）

> *1.* 將期望的理解事項建構成完成句的通則，以配合以下的句型：「學生將理解……」。

　　請具體陳述，哪些是期望學生對某個主題所掌握的概念。許多課程綱要、學科學習標準，以及教師自訂教學目標，都錯將理解事項建構成主題敘述（如：學生將理解水的循環）或技能陳述（如：學生將理解如何做乘法）。

　　我們建議讀者摘要所瞄準的特定理解事項，對於應該從探索某個主題（如：資料分析及圖解常常揭露了有用的模式又能夠做預測）而得到的洞見，盡量具體陳述。

　　要做到這點的實用方法之一是，配合以下句型來建構理解事項：「學生將理解……」（如：南北戰爭最初的開戰原因，是為了各州的權力問題和區域的政經問題，並不單純是為了蓄奴的道德議題）。這個方式有助於澄清我們要學生理解的通則，卻能避免以主題或技能來陳述理解事項的問題。

　　另一項可以考慮的方法是：如果你的單元目標是「故事」，那麼該故事的啟示是什麼？將理解事項陳述為「啟示」，課程設計者可以跨越主題來澄清所尋求的完整理解，例如，某個動物適應力單元的啟示是，生物體已發展出適應的機制來幫助自身能在嚴苛的或改變的環境下存活。

> *2.* 留意勿把理解事項敘述成公認的真理或模糊的通則。

　　避免公認的真理。公認的真理陳述的是在定義上為真的概念（如：三角形有三個邊），或者明確的事實（如：音樂家與聲音為伍，以創作音樂）。同樣地，模糊的通則（如：美國是個複雜的國家或寫作包含三個不同的要素）過於廣泛以至於無法將有用的、可遷移的洞見列為重要概念。有個實用的訣竅是：進行查核，以確定所陳述的理解事項不是以形容詞收尾（如：分數很重要）。

> *3.* 避免使用下列句型：「學生將理解如何……」。

　　上列句型是含糊的陳述，其意義之一是學生會發展出某些技能。這類目標最好列在課程設計範例的 **（S）** （技能）欄之中；「理解如何……」的另一個意義則暗示，存在著對聰明利用該項技能很重要的洞見——例如，知道某些事物有效或有用。這些期望習得的洞見應該像設計範例中 **（U）** 欄的理解事項一樣，被明確地陳述和建構。

　　做到這點的實用方法之一是，在列出技能領域的期望理解事項時，具體回答「為什麼」、「如何」、「何時」，以及「那又怎樣」等問題。

預期的錯誤理解　Ⓤ

期望的理解	可能的錯誤理解
友誼在患難時比在享樂時顯露得更多。	和你常常在一起的人就是你的朋友。一旦成為朋友就永遠是朋友。
如果把球丟擲出去，地心引力是唯一作用在這顆球上的作用力。	球被投手投出之後，在捕手接到之前會有兩種作用力施加其上。
連結到區域經濟的各州權力問題，是南北戰爭的主要起因。	南北戰爭開戰是為了對抗蓄奴之惡，結果好人贏了。
技能領域的……	可能的錯犯或錯誤理解
傾聽不是被動的行為。有效的傾聽者會透過摘要、澄清、提問，積極監控自己對於說話者的訊息之理解。	我需要做的是坐好、兩眼注視著說者，以及聆聽其所說的每一個字。

　　就你所確認的理解事項或技能，利用下列空格列出可能的錯誤理解。

從技能和概念到理解事項

　　一般認為，「技能」領域的教學不涉及大概念。但是，以大概念為技能的基礎、技能應用的目的或用意之基礎、技能應用策略之基礎，以及技能應用情境（如：何時應用技能）之基礎的關鍵概念，是不證自明的。

以技能來陳述：	大概念的基礎：	被理解的具體通則： Ⓤ
游泳：手臂擺動的方式（自由式、仰式、蛙式、蝶式、側泳）	1.效率 2.最大力量 3.「向後」推 4.表面積	1.最有效率、最有用的划水方式涉及直接向後推移最大水量。 2.平掌（對杯狀掌）的表面積最大。 3.曲臂外推能使泳者以最大的力量直接向後划水。
分數的加法	1.從部分到整體 2.連結「同類項」	結合各「部分」之後，它們必須根據相同的「整體」來建構。

知識和技能

（舉例）

知識

技能

我們要學生知道的知識：
1. 詞彙
2. 術語
3. 定義
4. 關鍵的事實資訊
5. 公式
6. 關鍵的細節
7. 重要的事件和人物
8. 順序和時間先後

我們要學生能夠表現的技能：
1. 基本技能──解碼、數學運算
2. 溝通技能──聽、說、寫
3. 思考技能──比較、推論、分析、詮釋
4. 研究、探究，以及調查的技能
5. 學習技能──記筆記
6. 人際技能、團體技能

學生將知道…… (K)

☐ _____

☐ _____

☐ _____

☐ _____

☐ _____

☐ _____

☐ _____

學生將能夠…… (S)

☐ _____

☐ _____

☐ _____

☐ _____

☐ _____

☐ _____

☐ _____

解讀目標──方法一
語文

既有目標：

所有學生都能以清晰、簡潔，以及 有結構的 文字來 寫作 ，這些作品的 內容和格式

會因為 對象和目的不同 而有差異。

──紐澤西州語文課程標準 3.3

以名詞和形容詞陳述或暗示的大概念：

1. 內容和格式＋
2. 對象和目的＋
3. 有組織的＝「格式隨功用決定」

以動詞陳述或暗示的真實實作表現：

寫作……
1. 不同的內容和格式
2. 為不同的對象和目的

理解事項：

學生將理解……

1. 對象和目的（如：告知、娛樂、勸說、引發思考）影響文學的技巧應用（如：組織、風格、用詞）。
2. 不同的體裁有獨特的結構模式。

主要問題：

1. 我試圖從寫作達到什麼目的？
2. 我的寫作對象是誰？
3. 偉大的作家如何在不同的體裁中（如：懸疑小說、散文、詩、歷史小說）吸引及維持讀者的注意？

實作任務的想法：

1. 要學生以相同的目的（如：告知或勸說）對不同的對象寫作，然後說明寫作對象對其風格和用詞的影響。
2. 要學生以不同的體裁（如：散文、詩、給編輯的信等等）寫出相同的內容，然後說明體裁對於結構、風格，以及用詞的影響。

範例

階段一

階段二

階段三

同儕評論

練習

作業單

詞彙

解讀目標——方法一
數學

既有目標： G

所有學生都能藉由理解數學概念，以及數學和數學模式在生活中和其他學科中所扮演的角色，而將數學連結到其他的學習領域。

——紐澤西州數學課程標準 4.3

以名詞和形容詞陳述或暗示的大概念：

在不同學科和生活中的數學模式。

以動詞陳述或暗示的真實實作表現：

1. 有效舉例說明真實資料或現象的數學模式。
2. 仔細評核某個數學模式對於某個真實情境的適合度。

理解事項： U

學生將理解……

1. 數學模式將現象加以簡化和連結，以利我們更理解這些現象。
2. 數學模式必須被仔細地評核，以確保這些模式不會扭曲事實或誤導事實。

主要問題： Q

1. 數學模式在哪些方面有用？
2. 你如何知道自己的模式是否有用（對特定的情境）？
3. 數學模式有哪些限制？

實作任務的想法： T

1. 要學生為選定的真實情境（如：各季節的溫度），創造一個數學模式。
2. 要學生仔細評核某個數學模式對於某個真實情境的適合度（如：以麥卡托投射法表現二維向度的球體面積）。

解讀目標──方法一

既有目標： **G**

以名詞和形容詞陳述或暗示的大概念：

以動詞陳述或暗示的真實實作表現：

理解事項 **U**

學生將理解……

主要問題： **Q**

實作任務的想法： **T**

範例

階段一

階段二

階段三

同儕評論

練習

作業單

詞彙

範例

階段一

階段二

階段三

同儕評論

練習

作業單

詞彙

解讀目標——方法二

視覺藝術

既有目標：
視覺藝術，目標 2——學生能了解視覺藝術是歷史和人類經驗的基本部分。

資料來源：馬里蘭州巴的摩爾郡公立學校

為達到標準，學生需要理解

1. 藝術表現受到時間、地點，以及文化的影響。
2. 我們能透過分析及詮釋某個文化的視覺藝術，獲得關於該文化的洞見。
3. 可用的工具、技術，以及資源會影響藝術家和工藝家表達自己的方式。

為了理解，學生需要思考下列問題

1. 在多大程度上，時間、地點，以及文化形塑了藝術？
2. 藝術在哪些方面形塑了文化？
3. 藝術家是文化的預見者、報導者或反應者？
4. 藝術的意義由誰決定？
5. 技術如何影響藝術的表達？

為了理解，學生需要

知道…… **K**

1. 視覺藝術的設計要素（概念和術語）——線條、色彩、形式、材質、模式、空間。
2. 視覺藝術的設計原理——平衡、節奏、觀點、強調重點、一致性。
3. 藝術家應用各種技術的方法。
4. 不同時期的相關歷史資訊和文化資訊。

能夠…… **S**

1. 分析及詮釋藝術作品。
2. 從不同時期和文化比較藝術作品，以判別特殊的視覺特徵（如：中世紀、文藝復興時期）。
3. 以口頭和視覺方式表達他們的分析和詮釋。

解讀目標——方法二

科學的進步

既有目標：

標準 4（小學）：科學的進步，係透過提出有意義的問題和進行詳細的研究而得到。

資料來源：加利福尼亞州科學課程標準

為達到標準，學生需要理解

1. 科學知識的發展，是由嚴謹控制的研究所造成。
2. 科學方法會刻意隔離關鍵變項，並加以控制（科學方法不只是「嘗試錯誤」而已）。
3. 科學知識必須透過複製來驗證。

為了理解，學生需要思考下列問題

1. 在科學方面，我們如何知道該相信什麼？
2. 在多大程度上，科學是「嘗試錯誤」的過程？
3. 科學理論、常識，以及強烈信念之間有什麼差異？
4. 預測正確即表示我們理解「如何」和「為什麼」嗎？

為了理解，學生需要

知道……

與科學研究相關的關鍵術語——歸因、結論、資料、觀察、分類、比較、假設、測量、預測、變項。

能夠……

1. 根據觀察所見的模式做預測（而非猜測）。
2. 以適當的工作測量長度、重量、溫度、液體體積，然後以標準的和非標準的單位表示測量結果。
3. 根據兩種以上的物理屬性比較常見的物體並加以排序。
4. 對步驟、事件或觀察所見的順序，以文字或圖解來描述。

範例
階段一
階段二
階段三
同儕評論
練習
作業單
詞彙

解讀目標──方法二

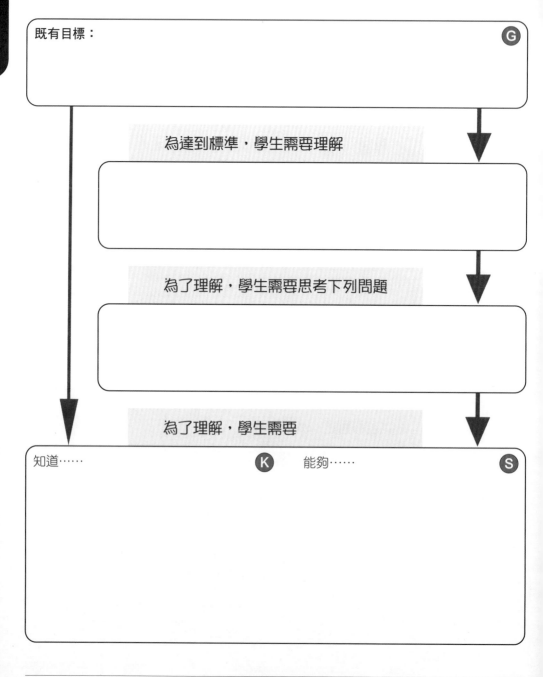

既有目標：　　　　　　　　　　　　　　　　　　　　　　　　　　　G

為達到標準，學生需要理解

為了理解，學生需要思考下列問題

為了理解，學生需要

知道……　　　　　　　　　K　　　　能夠……　　　　　　　S

課程設計查核表——階段一

既有目標 G

1. _____ 只有那些和本單元直接有關,而且在階段二被評量的目標或學科學習標準才會列出來。

理解事項 U

2. _____ 這些理解事項出自於或連接到合適的目標(如:學科學習標準或課程目標)。

3. _____ 理解事項有總括式的(促進大概念的遷移),也有主題式的(具體到足以聚焦在教學、學習、評量)。

4. _____ 配合此句型:「學生將理解……」,理解事項被建構成完整句的通則。

5. _____ 在定義上(如:事實類知識),理解事項並不明確、並不真實。對學生而言,學生必須發現這些概念才能獲得理解。

主要問題 Q

6. _____ 總括式主要問題澄清了大概念,並且連結到其他的主題和情境脈絡;但主題式主要問題則以主題的形式架構問題,並據以引導探究。

7. _____ 主要問題被認為能引發思考和引起爭辯,而不是指向事實的「導入式」問題。

8. _____ 若有需要,主要問題應建構成適當的「學童用語」以使學生容易了解。

知識和技能 K S

9. _____ 列出關鍵的知識和技能,這些知識和技能符合課程標準,而且是建構期望的理解事項所需要的。

階段一

階段二

階段三

同儕評論

練習

作業單

詞彙

待評論的階段一設計初稿

主題：移民——四年級

既有目標：

學生將利用各種知識工具來證明，他們理解美國歷史和紐約歷史的主要概念、時期、主題、發展，以及轉捩點。

資料來源：紐約州社會科課程標準

學生將理解

1. 全球各國歷史受到向美國移民的影響極大。
2. 在一九五四年之前，愛麗絲島是美國的移民處理中心。
3. 美國是個「大熔爐」，就像今天學生的多元族裔所反映的。
4. 美國過去的門戶開放政策促進了該國的成長。

主要問題

1. 世界上有哪些重要事件對移民美國產生影響？
2. 在一八九二至一九五二年之間，哪些程序是移民者在入境美國之後必須遵守的？
3. 為什麼美國的別名是「大熔爐」？
4. 有哪些人是歸化美國的重要移民，他們對文化的貢獻有哪些？
5. 為什麼有些國家會設定移民配額？

學生將知道

1. 相關的詞彙。
2. 影響美國移民史的特定事件（如：加州淘金熱）。
3. 影響美國移民史的特定世界大事（如：愛爾蘭馬鈴薯大歉收引發的饑荒）。
4. 移民到美國所面對的阻礙和危機。

學生將能夠

1. 根據移民人口統計資料繪製圖表，並加以詮釋。
2. 進行訪談（如：以某位移民作為第一手的資訊）。
3. 對有爭議的移民議題進行辯論（如：配額對門戶開放政策）。
4. 撰寫與本單元有關的研究報告。

評論意見：

有評論意見的階段一設計初稿

主題：移民——四年級

既有目標：
學生將利用各種知識工具來證明，他們理解美國歷史和紐約歷史的主要概念、時期、主題、發展，以及轉捩點。

資料來源：紐約州社會科課程標準

學生將理解
1. 全球各國歷史受到向美國移民的影響極大。
2. 在一九五四年之前，愛麗絲島是美國的移民處理中心。
3. 美國是個「大熔爐」，就像今天學生的多元族裔所反映的。

主要問題
1. 世界上有哪些重要事件對移民美國產生影響？
2. 在一八九二至一九五二年之間，哪些程序是移民者在入境美國之後必須遵守的？
3. 為什麼美國的別名是「大熔爐」？
4. 有哪些人是歸化美國的重要移民，他們對文化的貢獻有哪些？
5. 為什麼有些國家會設定移民配額？

學生將知道
1. 相關的詞彙。
2. 影響美國移民史的特定事件（如：加州淘金熱）。
3. 影響美國移民史的特定世界大事（如：愛爾蘭馬鈴薯大歉收引發的饑荒）。
4. 移民到美國所面對的阻礙和危機。

學生將能夠
1. 根據移民人口統計資料繪製圖表，並加以詮釋。
2. 進行訪談（如：以某位移民作為第一手的資訊）。
3. 對有爭議的移民議題進行辯論（如：配額對門戶開放政策）。
4. 撰寫與本單元有關的研究報告。

評論意見：

列出的學科學習標準很適合本單元的主題，但是，這則課程標準很廣泛，需要「解讀」（見下文）以使本單元的焦點更具體。

第 1 則是「老生常談」，有必要寫成具體的通則或乾脆省略。
第 2 則是直截了當的事實。
第 3、4 則比較容易理解，但是需要修正，例如，第 4 則可改成：「美國一直都有關於移民的利益與危機之辯論」。

問題 1、2、4 是事實的問題，不是主要問題。
問題 3、5 有探討的價值。
針對問題 3，請考慮代之以更開放的、更引起爭論的問題，例如：「誰才是美國人？」。
針對問題 5，請考慮代之以更值得辯論的問題，例如：「誰應該被允許移民美國？」

列出的知識項目看起來很適合本單元，但是問題 4 並未反映出任何的主要問題或持久理解。也許可加上一則問題，例如：「哪些因素造成移民的困難？」另外，請把「近年來移民政策的改變」一句加到問題 4 中。

列出的技能看起來很適當，並且反映了對本單元的探究方式。

範例
階段一
階段二
階段三
同儕評論
練習
作業單
詞彙

待評論的階段一設計初稿

主題：肌力訓練——高中

既有目標：

標準 2.20：示範肌力訓練、心肺活動，以及彈性訓練方面的訓練活動。
標準 2.20：執行個人所設計的體能活動計畫。
資料來源：麻薩諸塞州——體育活動與體適能標準

學生將理解

1. 肌力訓練會使類似工作或遊戲的日常體能活動受到增強或使其變得更輕鬆。
2. 肌力訓練能適應任何人的需要和生活方式。
3. 做肌力訓練時，永遠不能忽略安全。

主要問題

1. 肌力訓練有哪些益處？
2. 肌力訓練可以包括舉重以外的訓練或活動嗎？
3. 肌力訓練的活動對身體有什麼影響？
4. 如果練舉重的話，我看起來會像是健美選手嗎？
5. 肌力訓練有可能使我的身體曬黑嗎？

學生將知道

1. 肌力訓練包括力量（重量大、重複低）和耐力（重量較小但重複率高）兩者的訓練。
2. 肌群在拮抗肌中起作用，因此我們可以做出雙向的動作（如：二頭肌——曲臂動作、三頭肌——伸臂動作）。
3. 關於肌肉和骨骼的基本生理學概念。

學生將能夠 S

1. 針對不同的肌力訓練活動示範適當的技術。
2. 在各種訓練活動的準備階段和進行階段，都注意到夥伴的安全。
3. 設計個人的肌力訓練計畫。

評論意見：

待評論的階段一設計初稿

主題：測量——小學

既有目標：

2.、7. 選擇最適當的標準單位來測量長度和面積。

4.、5. 使用標準單位對物體的長、寬、周長、面積、圓周等，進行預估、測量、記錄、比較。

　　資料來源：紐澤西州亞伯達區數學科課程標準

學生將理解

1. 測量是日常的實務。
2. 單位就是標準，而且互相有關。
3. 我們使用不同的單位來測量不同的事物。

主要問題

1. 如何每天應用測量？
2. 為什麼要使用標準單位？
3. 為什麼要測量事物？

學生將知道

1. 如何證明自己理解標準單位及其之間如何相互關聯。
2. 如何透過測量的用語，描述及比較常見的物件。

學生將能夠

1. 針對特定的任務選擇適合的單位，並且證明這是合理的決定。
2. 對物件的特定長度、面積、圓周、周長，以及高度進行預估、測量、記錄、比較。
3. 就不同面積塑造不同形狀。

評論意見：

範例

階段一

階段二

階段三

同儕評論

練習

作業單

詞彙

關於階段一的常見問題

1. 大概念、理解事項，以及主要問題之間的關係是什麼？

本書 134 頁說明了這些術語的定義，並且描述了它們之間的關係。

2. 是否要按照特定順序完成階段一？

不必。筆者曾經提到，有各種不同方式可用。有些人會從既有目標
G 開始，然後建構理解事項 **U** 和主要問題 **Q** ，最後以列出知識 **K**
和技能 **S** 的目標作為結束。其他人則喜歡從目標開始，再移向知識和
技能，然後考慮理解事項和主要問題。另一種選擇是從構思連結到主題
的主要問題開始，然後完成其他的部分。

最重要的事是結果──把所有要素連結在一起的一致化階段一設
計。階段一的設計過程有其彈性。

3. 教學朝向州定學科學習標準和基準很重要，但是學科學習標準如何套入 UbD 的架構？

筆者鼓勵教師「解讀」學科學習標準，以找出相關的大概念和主要
問題，尤其是解讀那些聚焦在個別事實和技能的目標。當然，我們並未
建議忽略學科學習標準的具體內容，因為學科學習標準和學習基準（以
及州測驗所評量的目標）所列的具體事實和技能，被列在 **K** 和 **S** 之
下。大概念和主要問題的作用是「概念的維可牢」，有助於將具體的事
實和技能連結到可遷移的概念和原理。

4. 每一則理解事項都應該有其主要問題嗎？

雖然不需要一對一地對應，但是主要問題和理解事項之間應該有清
楚的關聯。請把主要問題想成是探索大概念的入口，而大概念則導向期
望的理解。我們會期望看到一個（或更多）入口（主要問題）連接到所
列出的理解事項。

5.為什麼某些學科、某些年級的教師在階段一遇到困難？

　　以技能教學為重（如：小學年級的數學、體育、初階外語）的教師往往發現階段一特別有挑戰性，以至於經常認為 UbD 不適用於技能的教學。但是，筆者主張，大概念常常是技能領域的基礎，當學習者理解大概念之後，其技能表現就會增進。我們鼓勵教師幫助學生理解技能的四個方面：基礎的概念（哪些概念令這項技能或策略有用？）、目的（這項技能有助於達成哪些更大的目標？）、策略的應用（哪些策略有助於更有效率應用這項技能？）、情境（何時應該使用這項技能或策略？）。

　　研究證實，根據上述的理解來教導技能——不只透過習作和練習，學生會更有能力將技能彈性應用到各種情境。

重理解的課程設計——專業發展實用手冊

大概念、理解事項、主要問題

下列視覺組體呈現了大概念、理解事項，以及主要問題之間的關係。

大概念——居於學科或主題核心之抽象的、可遷移的概念、主題或過程。
（如：適應、存活）

大概念

主題或學科學習標準

（如：學生能理解生物的適應）

理解事項

主要問題

理解事項——完整句的通則， **U**
具體指出我們要學生理解哪些有關大概念的事項。
（如：生物體會適應嚴苛的或改變中的環境。）

主要問題——能引發思考的、 **Q**
能引起爭辯的問題，其作用在引導對大概念的探究。藉由積極探究主要問題，學生會建構及深化其理解。
（如：在嚴苛的或改變中的環境下，生物體以哪些方式來存活？）

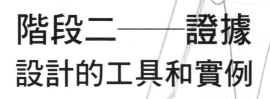

階段二——證據
設計的工具和實例

範例

階段一

階段二

階段三

同儕評論

練習

作業單

詞彙

重理解的課程設計──專業發展實用手冊

逆向設計：階段二

階段二——證據

- **T** 實作任務和評分指標 **R**
- **OE** 其他證據
- **SA** 自我評量

　　在階段二，我們考慮所需要的評量證據，這些證據決定學生達到階段一的預期結果之程度。在 **T** 欄中，我們列出實作任務和評分指標 **R**，此兩者提出學生理解的證據，以作為教學單元的基礎，其他所有證據（如：診斷式和形成式評量、隨堂測驗、正式測驗、觀察、有提示的書面測驗和口頭測驗）則列在 **OE** 欄。至於 **SA** 欄則具體列出任何應包括的學生自我評量。

　　階段二的目標是獲得有效的、可靠的、可信的、有用的證據，其關鍵要訣是，像評量者一樣地思考而不是像活動設計者般地思考。在我們尋求的預期結果和計畫蒐集的證據之間應該要有緊密的連結。

階段二——在多大程度上，評量策略對於期望結果提供了有效的、可靠的、足夠的評量結果？

請考慮，本單元是否：
1. 要求學生透過真實實作任務展現他們的理解能力？
2. 採用適當的標準本位評分指標，來判斷學生的作品和表現？
3. 提供各種評量形式作為額外的學習結果證據？
4. 鼓勵學生自我評量？

範例　階段一　階段二　階段三　同儕評論　練習　作業單　詞彙

階段二──關鍵的設計要素
（有提示的網絡圖）

在確認期望結果（階段一）達到多大程度的證據時，請考慮下列要素。接下來會提供實例和設計工具以協助你進行設計。

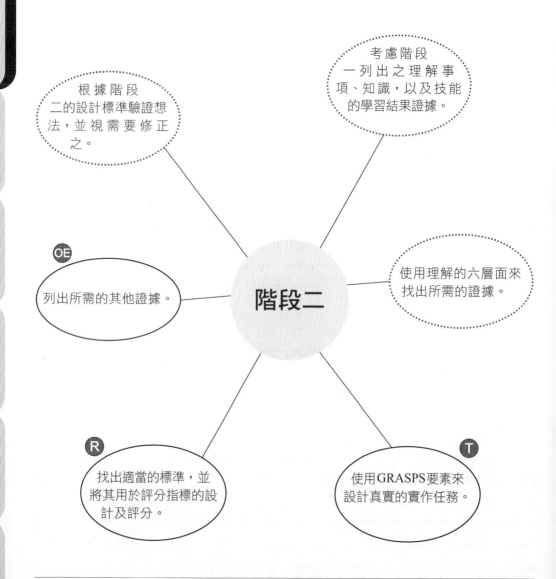

範例
階段一
階段二
階段三
同儕評論
練習
作業單
詞彙

連結：逆向設計的邏輯

（對於評量，理解事項暗示了什麼？）

友情（小學）

階段一	階段二	
如果期望的學習結果是要學生……	那麼你需要證據證明學生有能力……	因此評量必須包括下列類似策略……
理解…… 1. 要維持友情，必須做到誠實和坦白。 2. 真實的友情常在患難而非享樂之時顯現。 3. 有時很難知道誰是自己真正的朋友。 **審慎思考以下問題……** Q 1. 誰是真正的朋友？ 2. 哪些因素使友情常存？	應用： 1. 哪些應用的結果，能使我們推論學生對所學的理解程度？ 2. 如果學生做得好的話，哪些類別的實作表現和學習結果，可以作為區分理解和只是回想的有效方式？ 說明： 對於推論學生的真實理解程度，哪些是學生就其所學必須能夠說明、證實、提出支持，以及回答的事項？如何評量學生的概念和應用，以確認他們是否真正理解自己的所言所行？	T　　　　　　OE 1. 訂購一個朋友：從友誼目錄電話訂購一個「真正的」朋友。 2. 親愛的艾比：有個孩童說了善意的謊言以避免使朋友尷尬，就該個案提出建議。 3. 為低年級學生設計一份資訊小冊子，以幫助他們了解誰是真正的朋友。 4. 創作一幅連環漫畫或一本書，以舉例說明友情的行動。 5. 講述或畫一個故事來表達，如果朋友之間意見不和會發生什麼事？ 6. 向銷售員說明你的選擇理由（針對訂購一位朋友的任務）。 7. 說明哪些人是你的朋友，以及為什麼？ 8. 描述「知己」的特質，為這些你所選擇的特質辯解。 9. 對關於友情的引用句加以回應，如：「能共患難才是真正的朋友」、「敵人的敵人就是我的朋友」。

範例

階段一

階段二

階段三

同儕評論

練習

作業單

詞彙

重理解的課程設計——專業發展實用手冊

連結：逆向設計的邏輯
（對於評量，理解事項暗示了什麼？）
統計

階段一	階段二	
如果期望的學習結果是要學生……	那麼你需要證據證明學生有能力……	因此評量必須包括下列類似策略……
理解…… Ⓤ	應用：	Ⓣ　ⓄⒺ
1. 統計分析和圖表的呈現，通常揭露了資料的模式。 2. 找出模式就能夠做預測。 3. 來自資料模式的推論，可能合理但卻無效（或者不合理但卻有效）。 4. 有相關並不代表有因果關係。	1. 哪些應用的結果，能使我們推論學生對所學的理解程度？ 2. 如果學生做得好的話，哪些類別的實作表現和學習結果，可以作為區分理解和只是回想的有效方式？	1. 使用男子和女子馬拉松比賽過去的表現，預測二〇二〇年男子和女子馬拉松的速度紀錄。 2. 以儲蓄為題的課程圖示不同的實境故事（如：為上大學、為退休）。提出財務管理的建議，並說明複利的不合理之處。 3. 分析過去十五年來的愛滋病病例，以判定其趨勢。（請注意：這些資料剛開始時會呈線性關係，然後變成指數關係。）
審慎思考以下問題…… Ⓠ	說明：	4. 為什麼關於馬拉松比賽的分析會是合理卻錯誤的？寫一篇新聞報導或寫一封信給報社編輯。
1. 顯現的趨勢是什麼？ 2. 接下來會發生什麼事？ 3. 資料和統計會以哪些方式揭露事實或「說謊」？	對於推論學生的真實理解程度，哪些是學生就其所學必須能夠說明、證實、提出支持，以及回答的事項？如何評量學生的概念和應用，以確認他們是否真正理解自己的所言所行？	5. 為想成為投資者的人士編寫一份小冊子，其主題是：為什麼早點開始的小額儲蓄會優於較晚才做的大額儲蓄。 6. 繪製一幅附帶的書面解釋圖表，以舉例解說愛滋病例呈指數增加的特色。

連結：逆向設計的邏輯

（對於評量，理解事項暗示了什麼？）

階段一	階段二	
如果期望的學習結果是要學生…… ⇨	那麼你需要證據證明學生有能力…… ⇨	因此評量策略必須包括下列類似策略……
理解…… (U)	應用： 1. 哪些應用的結果，能使我們推論學生對所學的理解程度？ 2. 如果學生做得好的話，哪些類別的實作表現和學習結果，可以作為區分理解和只是回想的有效方式？ 說明： 對於推論學生的真實理解程度，哪些是學生就其所學必須能夠說明、證實、提出支持，以及回答的事項？如何評量學生的概念和應用，以確認他們是否真正理解自己的所言所行？	(T) (OE)
審慎思考以下問題…… (Q)		

範例

階段一

階段二

階段三

同儕評論

練習

作業單

詞彙

課程優先內容和評量方法

　　在有效的評量策略中，我們觀察到，評量類別或形式與達到期望結果所需的證據之間會相互搭配。如果教學目標是要求學生學習基本的事實和技能，那麼，紙筆測驗和隨堂測驗通常可提供適當的、有效率的評量結果。然而，當教學目標是深度的理解時，要依賴更複雜的實作表現來決定教學目標是否達成。下列圖解揭露了評量類別與學習結果證明之間的一般關係，它們提供了不同的課程目標。

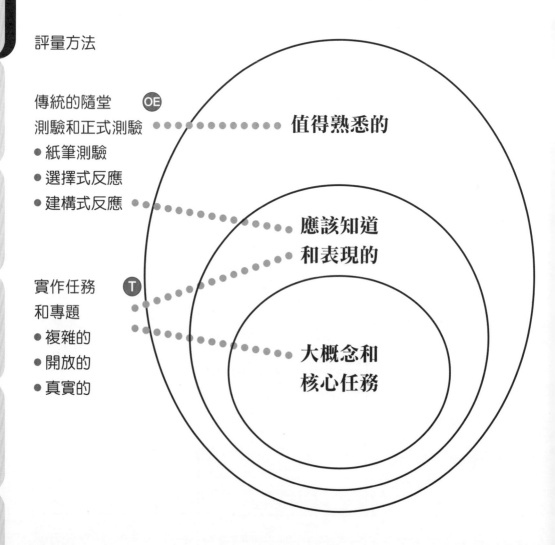

評量方法

傳統的隨堂測驗和正式測驗 OE
- 紙筆測驗
- 選擇式反應
- 建構式反應

值得熟悉的

應該知道和表現的

實作任務和專題 T
- 複雜的
- 開放的
- 真實的

大概念和核心任務

從評量蒐集各種證據

對理解的	觀察和	正式測驗	開放式	實作任務
非正式查核	對話討論	和隨堂測驗	問答題	

(一)實作任務

　　仿照成人面對的議題和問題編製的複雜挑戰，涵蓋範圍從短期任務到長期的、多階段的專題，這些任務會產生一個以上的實質作品和實作表現，與開放式問答題之不同處在於：

1. 涉及真實的或模擬的情境，以及成人會在相似的情境中（如：真實的情境）所發現的類似限制、背景「干擾因素」、激勵物和機會等。
2. 通常需要學生對確認的對象表現能力（真實或虛擬的對象）。
3. 根據與對象有關的特定目的。
4. 讓學生有更多機會將任務個人化。
5. 不夠保密：實作任務、評鑑標準，以及實作標準事先告知學生，然後引導學生學習。

(二)開放式問答題

　　要求學生以批判方式思考的開放問句或問題，而不只是要求回想知識。學生要準備具體的學科答案、作品或實作表現。這些問句或問題：

1. 要求在正式學校考試的情況下，對具體的提示做出有結構的回答。
2. 「答案開放」的，不要求能解答問題的單一最佳答案或策略。
3. 通常是「建構不良的」，需要發展建構問題的策略。
4. 涉及分析、綜合和評鑑。
5. 通常要求說明或辯解提出的答案和使用的方法。
6. 根據評分準則和實作標準，要求評價為本的評分。
7. 可能保密也可能不保密。
8. 涉及通常只向學校學生提問的問題。

(三)隨堂測驗和正式測驗

　　學生熟悉的評量格式，包括簡單的、內容為焦點的題目，這些題目：

1. 評量事實資訊、概念、個別的技能。
2. 使用選擇式反應方式（如：單選題、是非題、配合題）或簡答題格式。
3. 聚斂的，通常有單一的最佳答案。
4. 很容易使用答案鍵或機器來計分。
5. 通常很保密（如：事先不知道題目）。

(四)對理解的非正式查核

　　作為部分教學過程的持續評量，實例包括教師發問、觀察、檢視學生作品、放聲思考等。這些評量策略能對教師和學生提供回饋，通常不計分或不評等。

評量證據的來源：自我評量

說明：利用下列量表，針對（在班級教學層級、學校層級或學區層級）使用以下評量工具的程度加以評分。這項調查的結果有什麼涵義？你注意到哪些模式？對於所有的期望結果，你是否蒐集到適當的證據，或者只得到最容易測驗和評分的結果？是否有某項重要的學習目標因為未被評量而忽略掉？

```
5 ＝ 過度使用
4 ＝ 常常使用
3 ＝ 適量使用
2 ＝ 偶爾使用
1 ＝ 很少使用
0 ＝ 從不使用
```

1. _____ 選擇式反應的隨堂測驗和正式測驗（如：單選題、是非題）

2. _____ 對開放式問答題（簡答題）寫出書面答案

3. _____ 擴充式書面作品（如：小論文、實驗報告）

4. _____ 視覺的作品（如：電腦簡報、壁畫）

5. _____ 口頭實作表現（如：口頭報告、外語對話）

6. _____ 學生的演示（如：體育課的技能實作）

7. _____ 長期的、真實評量的專題（如：高年級生的作品展示）

8. _____ 學習檔案──蒐集學生一段時間的作品

9. _____ 反省日誌或學習日誌

10. _____ 對學生的非正式持續觀察

11. _____ 使用觀察指標或表列的效標對學生做正式觀察

12. _____ 學生自我評量

13. _____ 同儕評量和同儕回應小組

14. _____ 其他：_____

從各類型評量工具蒐集證據

營養（五～七年級）

階段一：期望的學習結果

既有目標： **G**

標準 1：中級——學生能利用對營養良好之要素的理解，來設計適當的飲食。

理解事項： **U**

學生將理解……

1. 均衡的飲食有助於身體和心理的健康。
2. USDA 食物金字塔代表了對於營養的相對準則。
3. 根據年齡、活動程度、體重，以及整體健康，每個人有不同的飲食需要。

主要問題： **Q**

1. 什麼是健康的飲食？
2. 對某人而言的健康飲食對另一個人而言可能是不健康的嗎？
3. 儘管有所有可用的資訊，為什麼美國有這麼多的健康問題是因為營養不良所導致？

學生將知道…… **K**

1. 關鍵術語——蛋白質、脂肪、卡路里、碳水化合物、膽固醇。
2. 各大類食物之中的食物分類及其營養價值。
3. USDA 食物金字塔準則，以及影響營養需求的變項。
4. 由營養不良引起的健康問題。
5. 如何解讀食物標示上的營養資訊。

階段二：評量結果的證據

☑ ❏ ❏ ❏ **實作任務**（營隊菜單、菜單設計） **T**

☑ ☑ ❏ ❏ **隨堂測驗**（食物分類和食物金字塔準則） **OE**
　　　　　　　　　　（解讀食物標示）

☑ ❏ ❏ ❏ **正式測驗**（由營養不良引起的健康問題）

☑ ❏ ❏ ❏ **學生作品樣本**（營養小冊子）

☑ ❏ ❏ ❏ **觀察**（在學生餐廳的午餐）

☑ ❏ ❏ ❏ **其他**（對個人飲食習慣的自我評量）

重理解的課程設計——專業發展實用手冊

從各類型評量工具蒐集證據

階段一：期望的學習結果

既有目標： **G**

理解事項： **U**	主要問題： **Q**
學生將理解……	

學生將知道…… **K**

階段二：評量結果的證據

❏ ❏ ❏ ❏ 實作任務 **T**

❏ ❏ ❏ ❏ 隨堂測驗 **OE**

❏ ❏ ❏ ❏ 正式測驗

❏ ❏ ❏ ❏ 學生作品樣本

❏ ❏ ❏ ❏ 觀察

❏ ❏ ❏ ❏ 其他 _____

蒐集充足證據
數學（小學）

有效的評量需要多重的證據——需要的是照片集而非單張快照。利用下列作業單，腦力激盪找出證明理解某個大概念的可能證據來源，或者想出類似符合指定學科學習標準之既有目標的證據。

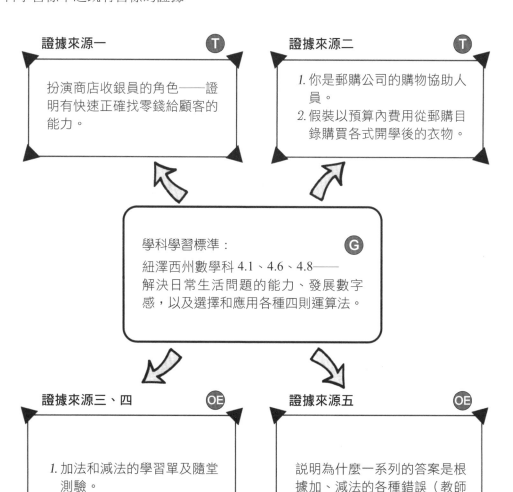

證據來源一 **T**

扮演商店收銀員的角色——證明有快速正確找零錢給顧客的能力。

證據來源二 **T**

1. 你是郵購公司的購物協助人員。
2. 假裝以預算內費用從郵購目錄購買各式開學後的衣物。

學科學習標準： **G**

紐澤西州數學科 4.1、4.6、4.8——解決日常生活問題的能力、發展數字感，以及選擇和應用各種四則運算法。

證據來源三、四 **OE**

1. 加法和減法的學習單及隨堂測驗。
2. 州測驗的結果。

證據來源五 **OE**

說明為什麼一系列的答案是根據加、減法的各種錯誤（教師選出的錯誤觀念）而產生。

範例　階段一　階段二　階段三　同儕評論　練習　作業單　詞彙

蒐集充足證據
教師視導

有效的評量需要多重的證據——需要的是照片集而非單張快照。利用下列作業單，腦力激盪找出證明理解某個大概念的可能證據來源，或者想出類似符合指定學科學習標準之既有目標的證據。

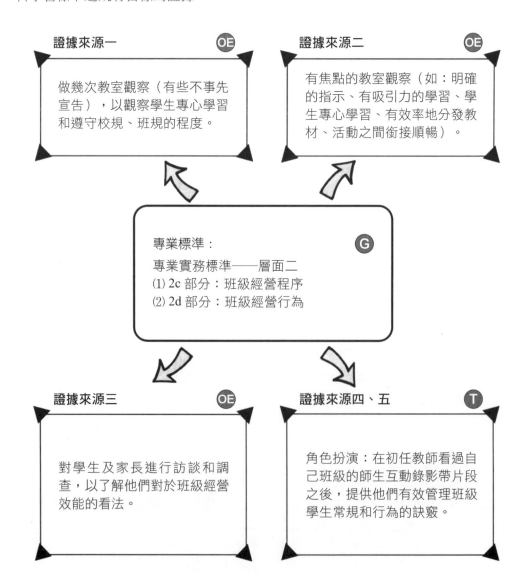

證據來源一 ⓄⒺ

做幾次教室觀察（有些不事先宣告），以觀察學生專心學習和遵守校規、班規的程度。

證據來源二 ⓄⒺ

有焦點的教室觀察（如：明確的指示、有吸引力的學習、學生專心學習、有效率地分發教材、活動之間銜接順暢）。

專業標準：
專業實務標準——層面二
(1) 2c 部分：班級經營程序
(2) 2d 部分：班級經營行為
Ⓖ

證據來源三 ⓄⒺ

對學生及家長進行訪談和調查，以了解他們對於班級經營效能的看法。

證據來源四、五 Ⓣ

角色扮演：在初任教師看過自己班級的師生互動錄影帶片段之後，提供他們有效管理班級學生常規和行為的訣竅。

蒐集可接受的充足證據

　　有效的評量需要多重的證據——需要的是照片集而非單張快照。利用下列作業單，腦力激盪找出證明理解某個大概念的可能證據來源，或者想出類似符合指定學科學習標準之既有目標的證據。

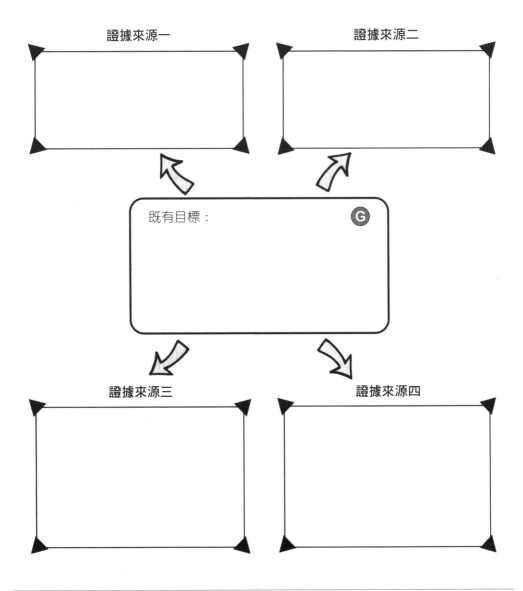

證據來源一

證據來源二

既有目標： G

證據來源三

證據來源四

蒐集評量結果的證據
營養（五～六年級）

實作任務：

1. 吃什麼，像什麼——學生創作有圖解的小冊子，以教導低年級生關於良好
   營養對健康生活的重要性，並且提供一些點子幫他們破除不良飲食習慣。

2. 吃下去——學生為即將到來的戶外教育宿營活動，設計三天的正餐及點心菜單。
   另外，他們要寫一封信給營地主任，說明為什麼應該選擇他們的菜單（透過指出
   營養調配符合 USDA 食物金字塔的建議，但對學生而言也相當可口）。菜單還包
   括為特定飲食條件（糖尿病或素食者）或宗教信仰考慮所做的至少一項修正。

其他證據：

（如：正式測驗、隨堂測驗、提示卡、作品樣本、觀察報告）

1. 隨堂測驗——食物分類和 USDA 的食物金字塔。

2. 提示卡——描述兩種可能由營養不良所引起的健康問題，然後說明如何避免這些
   問題。

3. 技能檢核——解釋食品標示上的營養資訊。

學生的自我評量和反省：

1. 「吃什麼，像什麼」小冊子的自我評量。

2. 「吃下去」宿營菜單的自我評量。

3. 反省自己在本單元教學結束時能吃得很健康的程度（與單元課程開始時比較）。

蒐集評量結果的證據
英文（高中）

實作任務：

荷頓怎麼了？——你是某醫院諮詢委員會的成員，荷頓・柯菲爾德就是在這所醫院說出他的故事。在仔細閱讀及討論過荷頓對十二月之前所發生事件的陳述之後，你的任務是：(1)為醫院寫一份摘要報告以及(2)寫一封信給荷頓的父母說明他有什麼狀況。你要準備一場和荷頓父母的會談，以說明及證實你對荷頓的行為分析。

其他證據：

（如：正式測驗、隨堂測驗、提示卡、作品樣本、觀察報告）

1. 小論文：「他是那種在回答某人問題時，必須給自己一點空間的說謊者……。」學生以此為題，解釋荷頓對真實性的擔心。

2. 書信：每個學生從其他角色的觀點，寫一封一頁的信來描述荷頓。

3. 隨堂測驗：針對故事詳細情節的三次小考。

4. 學習日誌：學生讀完每一段指定閱讀之後，在日誌中回答下列問題：(1)關於荷頓，哪些是你從這一段小說內容學到的最重要事情？(2)關於荷頓，哪些是這一段小說內容並未回答的最重要問題？

學生的自我評量和反省：

最後的學習日誌要反省下列三個問題：
1. 隨著這本書的內容發展，你看出荷頓在哪一方面有了改變？
2. 如果像某些人所聲稱的，當你接觸新的資料時，「誤解是無法避免的」。在學習這個單元之前和期間，你有哪些錯誤的理解？
3. 如果你要對明年修這門課的學生教這部小說，你要怎麼做，以確保他們理解這部小說而不只是閱讀而已？

範例　階段一　階段二　階段三　同儕評論　練習　作業單　詞彙

蒐集評量結果的證據

主題：＿＿＿＿＿＿＿＿＿＿＿＿＿

實作任務：

T

其他證據：

（如：正式測驗、隨堂測驗、提示卡、作品樣本、觀察結果）

OE

學生的自我評量及反省：

SA

哪些是課程目標暗示的評量策略？

視覺藝術

既有目標：

學生將知道，視覺藝術是歷史及人類經驗的基本部分之一。

——視覺藝術，目標 2

內容（名詞）

1. 藝術的表達
2. 文化
3. 視覺設計要素

過程（動詞）

1. 比較
2. 分析
3. 詮釋

理解事項

1. 藝術的表達受到時代、地區，以及文化的影響。
2. 透過分析和詮釋其視覺藝術，我們可以獲得對於某個文化的洞見。
3. 可用的工具、可用的技術、可用的資源，會影響男女藝術家表達其創作方式。

任務及問題提示

1. 任務一：製作一張圖表組體，以比較來自不同時期和文化的三件藝術作品。說明每件作品的視覺特徵和技巧。
2. 任務二：利用特定時期（如：浪漫時期）的視覺特徵、工具、技術，創造一幅意象以反映某些方面的當代藝術。
3. 提示：今日的數位媒體如何能幫助藝術家表現他們的創作？

哪些是課程目標暗示的評量策略？

美國南北戰爭（高中）

既有目標：

學生將分析南北戰爭及重建時期的主要歷史事件之原因和影響，包括分析蓄奴制度。

──維吉尼亞州十一年級的課程標準 11.6a

內容（名詞）

1. 南北戰爭
2. 重建時期
3. 蓄奴

過程（動詞）

分析原因和影響

陳述及暗示的大概念

1. 州政府權利對聯邦主義
2. 人權和蓄奴制度的反人權
3. 各地區的經濟差異
4. 北對南──地區的文化對全國一致的約束
5. 密蘇里妥協案（Missouri Compromise）及蓄奴的政治活動。

任務及問題提示

1. 提示：在哪些方面，南北戰爭今日仍然以內戰的形式進行著？
2. 任務一：設計一項博物館展覽活動（包括時間線和建議的展品），其主題為南北戰爭的關鍵原因，以及在課程標準中未被強調的歷史影響和對今日的影響。
3. 任務二：從南方農場主人、被釋放的奴隸，以及北方訪客的觀點，寫一封時間設在當時的書信。
4. 任務三：就南北戰爭尚存至今的可見影響，寫一篇週年紀念的報紙報導。

哪些是課程目標暗示的評量策略？

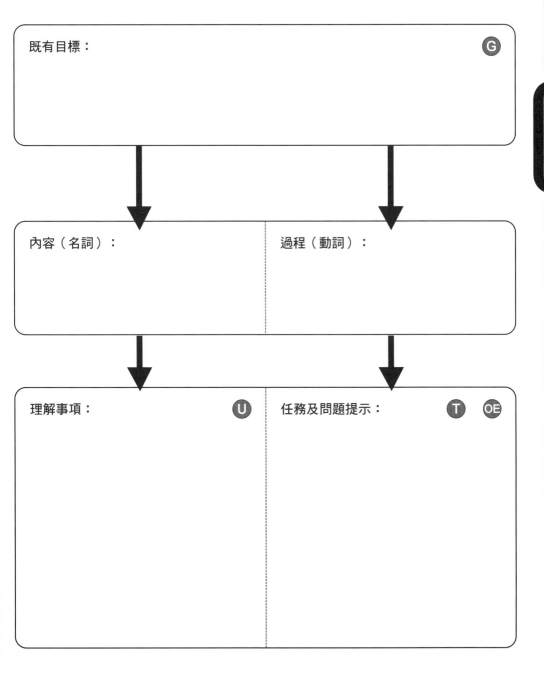

既有目標： G

內容（名詞）：

過程（動詞）：

理解事項： U

任務及問題提示： T OE

理解的六個層面

層面一：說明

精確的解說和理論，對事件、行動、想法等，能提供有知識的、證明合理的描述。例如回答：為什麼會這樣？哪些因素能說明這類事件？哪些因素能說明這類行動？我們如何證明？這件事連結到哪些事件？這如何起作用？

層面二：詮釋

能提供意義的敘說、翻譯、隱喻、圖像、藝術創作等，例如回答：這是什麼意思？為什麼這很重要？它包括什麼？在人類的經驗方面，它舉例說明或闡述了什麼？這和我有什麼關係？哪些是有意義的？

層面三：應用

在新的情境和多元的背景脈絡中有效應用知識的能力，例如回答：能在何處及如何使用這些知識、技能或程序？我應該如何修正想法和行為，以符合特定情況的需要？

層面四：觀點

批判的、有洞見的觀點，例如回答：從誰的觀點而言？從誰的有利位置而言？需要澄清和考慮的假定或未言明的事項是什麼？被證明合理或被保證的想法是什麼？有適當的證據嗎？這個想法合理嗎？這個想法的優缺點是什麼？這個想法看起來合理嗎？它的限制是什麼？那又怎麼樣？什麼是看待這個想法的新方式？

層面五：同理心

進入另一個人的情感和世界觀的「內部」，例如問：對你而言，看起來似乎如何？他們觀察到哪些我沒有觀察到的事？如果我要理解的話，我需要體驗什麼？作者、藝術家或表演者感受到、觀察到，或者試著使我感受到和觀察到的事是什麼？

層面六：自我認識

知道自己的無知，以及知道自己的思考和行為模式如何形塑或扭曲理解的結果，例如問：我的特質會如何形塑我的觀點？我的理解有什麼限制？我的盲點是什麼？哪些是我因為偏見、習慣或風格而容易誤解的事？我如何最有效地學習？哪些策略對我是有用的？

重理解的問題

(一)說明

1. 什麼是在＿＿＿＿＿＿＿＿＿＿方面的關鍵概念？
2. 哪些是＿＿＿＿＿＿＿＿＿的實例？
3. ＿＿＿＿＿＿＿＿＿的特徵和成分有哪些？
4. 哪些因素造成＿＿＿＿＿＿＿＿？＿＿＿＿＿＿＿＿＿的影響有哪些？
5. 如何證明、確認、證實＿＿＿＿＿＿＿＿＿＿？
6. ＿＿＿＿＿＿＿＿＿如何連結到＿＿＿＿＿＿＿＿＿＿？
7. 如果＿＿＿＿＿＿＿＿，可能會發生＿＿＿＿＿＿＿＿＿＿？
8. 哪些是關於＿＿＿＿＿＿＿＿的錯誤觀念？
9. 這件事如何造成？為什麼會這樣？

(二)詮釋

1. ＿＿＿＿＿＿＿＿＿的意義是什麼？
2. ＿＿＿＿＿＿＿＿＿的涵義是什麼？
3. 關於＿＿＿＿＿＿＿＿，＿＿＿＿＿＿＿＿＿揭露了什麼？
4. ＿＿＿＿＿＿＿＿和＿＿＿＿＿＿＿＿＿有什麼相似之處（類比或隱喻）？
5. ＿＿＿＿＿＿＿＿＿與我或我們有什麼相關？
6. 這又怎麼樣？為什麼這很重要？

(三)應用

1. ＿＿＿＿＿＿＿＿＿如何應用到更廣的領域？
2. ＿＿＿＿＿＿＿＿＿如何幫助我們＿＿＿＿＿＿＿＿？
3. 我們如何應用＿＿＿＿＿＿＿＿來克服＿＿＿＿＿＿＿＿？
4. 我們何時及如何用到它（知識或程序）？

(四)觀點

1. 哪些是關於＿＿＿＿＿＿＿＿＿的不同觀點？
2. 從＿＿＿＿＿＿＿＿的觀點來看，這看起來可能會怎樣？
3. ＿＿＿＿＿＿＿＿和＿＿＿＿＿＿＿＿＿有什麼相似或相異之處？
4. 對於＿＿＿＿＿＿＿＿有哪些可能的其他反應？
5. ＿＿＿＿＿＿＿＿＿有哪些優缺點？
6. ＿＿＿＿＿＿＿＿＿有哪些限制？
7. 哪些是關於＿＿＿＿＿＿＿＿的證據？
8. 這證據可靠嗎？足夠嗎？

(五)同理心

1. 從＿＿＿＿＿＿＿＿＿的立場來看，會是什麼情況？
2. ＿＿＿＿＿＿＿＿對於＿＿＿＿＿＿＿＿會有什麼感受？
3. 對於＿＿＿＿＿＿＿＿，我們如何達到理解？
4. ＿＿＿＿＿＿＿＿想讓我們感受到、觀察到什麼？

(六)自我認識

1. 我如何知道＿＿＿＿＿＿＿？
2. 我對於＿＿＿＿＿＿＿＿的知識有哪些不足之處？
3. 對於＿＿＿＿＿＿＿＿，我的盲點有哪些？
4. 我如何有效顯現＿＿＿＿＿＿＿＿？
5. ＿＿＿＿＿＿＿＿如何形塑我對＿＿＿＿＿＿＿＿的看法（經驗、習性、偏見、風格）？
6. 我在＿＿＿＿＿＿＿＿方面有什麼優缺點？

範例

階段一

階段二

階段三

同儕評論

練習

作業單

詞彙

範例　階段一　階段二　階段三　同儕評論　練習　作業單　詞彙

以六個理解層面為根據的實作任務構想

按學科舉例

主題	說明	詮釋	應用	觀點	同理心	自我認識
社會科：大草原生活	為對家書描述，相對於你所期望的墾拓者之實質生活。	閱讀墾拓者的每日日記和故事（如《又高又醜的莎拉》），並利用詮釋、以和意象描繪其真實生活。	設計博物館展品，其中的照片和複製製品能告訴我們墾拓者的生活有多艱苦。	就西部殖民的影響，演出一場殖民者和東國原住民之間的辯論。	寫一封信給「回到東部」的親戚，說明你墾拓者鄰居的死訊。	就「為什麼搬離家？」寫出：如果你曾經必須離開自己的家，你有過的或可能有的想法。
友誼	「誰是你真正的朋友？誰是你一起同樂時的朋友？」	詮釋《蟾蜍是好友》一書中的「春天」一節，這件事揭露了哪些關於友誼之事？	從處境的友誼郵購商店訂購一個「真正的朋友」。	自問：其他人怎麼看待我這樣的一個明友？	寫一篇小論文或日記，討論為什麼有些小孩老是被排斥，以及這些小孩的感受。	就以下問題回答：「我知道誰是我真正的朋友嗎？」
歷史：美國獨立戰爭	為一七七七年的報紙寫這篇社論：與英國決裂無可避免嗎？	「哪些是是雷辛頓真實發生的事件？」分析可用的文本和資訊以理解戰爭前的開端（事實對意見）。	閱讀加拿大和法國對於美國獨立戰爭時期的描述，然後在模擬的學校教育委員會上表示支持或反對將這些文本作為教學資源。		寫出一系列模擬的信件、通信給主角美國獨立戰爭前後及期間在英、美兩地的親感。	撰寫日記，主題是：「我為了什麼而奮鬥？」
數學：圓錐曲線	說明切割圓錐為何都會產生圓錐曲線，並證明其代數公式。	分析不同的資料集以決定「最適宜」的圓錐曲線。	應用你的圓錐曲線知識，在物料科學制之下為科學博物館設計一個「細語室」。	以閃光燈、圓錐曲線的圖面和陰影等，探究圓錐曲線如何形成以及形狀如何變化。		
物理：電學	為某個電路系統編寫排除故障的指南。	假定自己是水電承包商：分析解釋建造房屋的配置繪圖。	為鐵道模型製作一套可用的通行開關。	直流電與交流電？為不同的使用者辯論兩種類型的效益。	寫一篇虛構的日記，主題是「電子的一日生活」。	
法語	說明過去式的不同時態之區別，以及何時應該或不應該使用這些時態。	比較《小王子》（Le Petit Prince）的法文版和英文版，以判斷語文是否如何影響意義。	以角色扮演進行一段電話中的對話（如：為來到你家鄉的法國訪客設計週末活動）。		編寫一本包括美國口語及其譯文列表的指南，以幫助法國訪客避免誤解這些口語。	記錄一系列你對法國習俗的反應。

以六個理解層面為根據的實作任務構想（續）

按學科舉例

主題	說明	詮釋	應用	觀點	同理心	自我認識
歷史和社會	澄清概念（如：自由和放縱的比較，就「第三世界」一詞的意義）。	使用第一手資料，就一九六○年代的重要性編輯口述歷史，並寫一篇歷史的自傳。	針對二十世紀早期移民潮的因果關係，設計一場博物館展示活動。	就美國獨立戰爭的描述，比較你所用的教科書和英國、法國的教科書。	以角色的演方式演出一場心智會談（如：杜魯門決定投擲原子彈）。	自我評量課堂論的參與和表現，然後說明你的參與模式。
數學	研究常見的現象（如：氣象資料），揭露害怕但細微而容易被忽略的模式。	對內容有限的資料集做出趨勢分析。	對評估棒球球員在關鍵情境中的價值，設計新的統計方法。	在使用不同的計分量數時（如：平均數、中數），檢視其差果。	閱讀《平地》（Flat land）一書及數學家之間的一系列通信，其內容解釋為什麼他們害怕出版研究的結果：就說明新概念的困難度——甚至是抽象概念，寫一篇省思的小論文。	設計一份數學的履歷表，內容包括你自己智能的優缺點簡述。
英文和語文	說明為什麼某個修辭技巧在某篇演說中會發揮效果。	以「荷頓怎麼了？」來理解《麥田捕手》主角的遭遇。	什麼因素造就一部偉大的書？為學校圖書館錄製某部暢銷書的書評錄音帶。	討論A. Wolf所著《三隻小豬的真實故事》（The Real Story of the Three Little Pigs）。	在免費食堂服務，然後在讀過狄更斯（Charles Dickens）的作品之後，就服務於遊民的經驗寫一篇小論文。	每篇書面報告都附上你的自評，這些自評反省了撰寫的過程。
藝術	說明停頓在音樂上的功用。	在鋼琴鍵的拼貼畫或舞蹈中，表現出恐懼和希望。	就學校的某項問題，編寫及演出獨幕劇。	評論同一齣莎士比亞劇本的三個不同版本（以某個主場為焦點）。	想像你是《羅密歐與茱麗葉》（Romeo and Juliet）一劇中的某角色，你正在任思茱想像的最後一幕。你的想法和感覺是什麼？	持續記錄藝術課的練習心得，這些練習有最多情結上的要求。
科學	將每天的行為和事實連結到物理定律，並且強調容易被錯誤理解的部分（如：質量和重量的比較）。	分析池塘水質的讀數，以判定汙染類的問題是否很嚴重。	對在地的溪水進行化學分析，以監控合EPA的水質情況，然後報告結果。	進行思考的實驗（如：愛因斯坦的想法——如果我站在光束上旅行，世界看起來會像什麼樣子？）。	討論前現代學者寫作、以找出看似合理的想法或「邏輯的」理論（考慮到當時可得的資訊）。	根據你的小組學習夫敗之原因，提出改進無效的合作學習之解決方案。

範例　階段一　階段二　階段三　同儕評論　練習　作業單　詞彙

階
段
一

將訂為目標的理解事項轉換為可能的實作表現

美國歷史

階
段
二

　　針對理解結果的實作評量產生構想的實用策略之一，涉及將欲理解的通則和適當的動詞予以連結。這些動詞藉由使未能清楚可見的結果清楚可見，而具體指明顯示理解程度（或未能理解）所需的實作表現類型。實作導向的動詞內含在六個理解層面之中，也內含在布魯敏（Bloom）認知目標分類的較高階目標之中，包括：說明、詮釋、應用、展現、解決、示範、辯解、評鑑、證明、決定、創造等。

　　請利用下一頁的課程設計單，將期望的理解結果轉換為可能而且可以被評量的實作表現（見根據六個理解層面列出的實作動詞清單）。

階
段
三

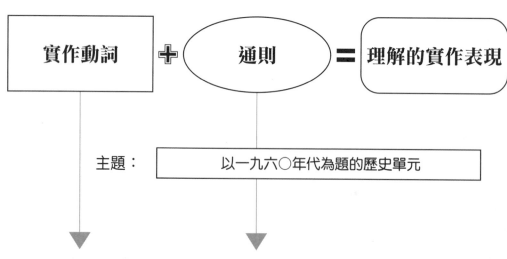

同
儕
評
論

練
習

可能的實作表現舉例：

作
業
單

說明：美國介入越戰如何導致一些美國人民對政府失去信心。

辯解：就反越戰運動是由民權運動引發之看法，表達贊同或反對。

應用：在科納委員會對暴力事件的報告之角色扮演模擬劇中，應用你對一九六〇年代的理解。

詞
彙

將訂為目標的理解事項轉換為可能的實作表現

　　針對理解結果的實作評量產生構想的實用策略之一，涉及將欲理解的通則和適當的動詞予以連結。這些動詞藉由使未能清楚可見的結果清楚可見，而具體指明顯示理解程度（或未能理解）所需的實作表現類型。實作導向的動詞內含在六個理解層面之中，也內含在布魯畝認知目標分類的較高階目標之中，包括：說明、詮釋、應用、展現、解決、示範、辯解、評鑑、證明、決定、創造等。

　　請利用本頁的課程設計單，將期望的理解結果轉換為可能而且可以被評量的實作表現（見根據六個理解層面列出的實作動詞清單）。

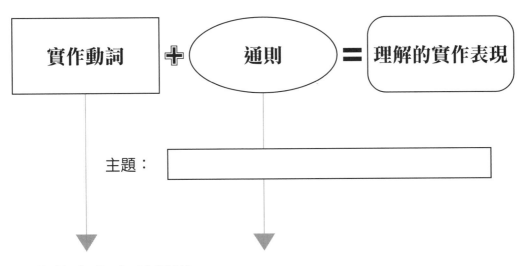

可能的實作表現舉例：

　　　　161

根據六個理解層面列出的實作動詞清單

在設計學生可以展現其理解程度的可能策略時，請考慮下列實作動詞（見次頁的設計工具）。

說明	詮釋	應用
示範	類比化（創造）	採用
引用	批評	建造
描述	記錄	創作
設計	評鑑	除錯
展示	舉例說明	決定
表達	評價	設計
歸納	賦予意義	展示
引導	理解	發明
證實	隱喻化（提供）	實施
模式化	了解其中涵義	製作
預測	表現	建議
證明	述說	解決
顯現	翻譯	測試
綜合		使用
教導		

觀點	同理心	自我認識
分析	假定角色	知道
辯解	相信	了解
比較	相似	認識
對照	保持開放	反省
批評	考慮	自我評量
推論	想像	
	相關	
	角色扮演	

利用理解的六個層面產生評量的構想

經濟學

階段一	階段二	
如果期望的學習結果是要學生……	那麼你需要證明學生有能力……	因此評量必須包括下列類似策略……
理解： 價格是供需交互作用的結果。	**說明……** 為什麼根據供需狀況，相似的物品可能會有非常不同的價格。	1. 以口頭的和書面的方式說明，為什麼特定物品的價格變動（如：豆豆娃、滑雪場上山吊椅的票價），是供需交互作用的結果。
審慎思考以下問題…… 1. 哪些因素決定某件物品的價格？ 2. 什麼是「好」價格？	**詮釋……** 關於價格的資料（如：相同物品在一段期間的價格變動）。	2. 製作一份 PowerPoint 電腦簡報，說明一段期間之內的價格變動（如：汽油或房價）。
	應用，透過…… 將出售的物品訂定合適的價格。	3. 進行消費者研究，以利為學校內的消費合作社或經費募集人員訂定價格。
	從某個觀點理解…… 同一商品的買家和賣家之想法。	4. 以角色扮演方式演出買賣雙方在跳蚤市場、車庫拍賣或 e-Bay 上的討價還價過程，以舉例說明對於價格的不同觀點。
	以同理心看待…… 1. 試著為新商品訂出價格的投資者。 2. 剛被「占了便宜」的買家。	5. 以消費者（或投資者、商人）的角色寫一封模擬的書信，以揭露其對於交易的想法和感覺。
	克服天真的或有偏見的想法…… 商品有固定的價值或價格。	6. 描述特定的個案，其中，你（或其他人）開始了解，商品不一定有固定的價值或價格。
	反省…… 「售價」對你的購買習慣之影響。	

範例　階段一　階段二　階段三　同儕評論　練習　作業單　詞彙

重理解的課程設計——專業發展實用手冊

利用理解的六個層面產生評量的構想
評量

階段一	階段二	
如果期望的學習結果是要學生……	那麼你需要證明學生有能力……	因此評量必須包括下列類似策略……
理解： 1. 有效的評量能提出證據證明達到設定的學習成就目標。 2. 有效能的評量策略能促進學習，也能評量學習結果。 3. 在評量理解程度時，學生被要求應用和說明，而不只是回想。 4. 清晰的效標和「評分依據」能增進評分的信度。	**說明……** 任何期望的理解事項。 …………………………… **詮釋……** 不同評量策略所得結果的意義。 …………………………… **應用，透過……** 為特定的學習成就目標設計有效的評量策略。 …………………………… **從某個觀點理解……** 評量結果的不同使用者。 …………………………… **以同理心看待……** 被評量的學生。 …………………………… **克服天真的或有偏見的想法……** 所評量的每件事物必須以分數表示。 …………………………… **反省……** 你自己關於評量的經驗、態度、偏見。	1. 為初任教師設計一份口頭報告，以說明在蒐集學習的證據時使用平衡的評量策略之理由。 2. 寫一份摘要報告，以綜合不同的評量策略所產生的結果。然後，提出評量結果所暗示的改進策略。 3. 設計一套真實的評量任務及評分指標，以評斷學生對大概念或技能程序的理解程度。 4. 關於利用標準化測驗來評鑑學校的辦學績效，表達某個政策制定者的看法（如：立法者、委員會委員）。 5. 寫一篇心得日誌，模擬某個學生理解教材卻不擅長應付傳統的測驗。 6. 關於不同類型的評量（如：單選題、小論文、專題報告、標準化測驗），找出任何你曾有過的偏見，然後反省這些偏見是否影響及如何影響你的學習。
審慎思考以下問題…… 1. 什麼是有效的評量？ 2. 我們是否很適當地評量所重視的每件事？ 3. 哪些證據可以顯示學生真的理解？ 4. 如何能使我們的評價更可信？		

利用理解的六個層面產生評量的構想

階段一	階段二	
如果期望的學習結果是要學生…… ⇨	那麼你需要證明學生有能力…… ⇨	因此評量必須包括下列類似策略……
理解： **審慎思考以下問題……**	**說明……** ⋯⋯⋯⋯⋯⋯⋯ **詮釋……** ⋯⋯⋯⋯⋯⋯⋯ **應用，透過……** ⋯⋯⋯⋯⋯⋯⋯ **從某個觀點理解……** ⋯⋯⋯⋯⋯⋯⋯ **以同理心看待……** ⋯⋯⋯⋯⋯⋯⋯ **克服天真的或有偏見的想法** **……** ⋯⋯⋯⋯⋯⋯⋯ **反省……**	

右側標籤：範例　階段一　階段二　階段三　同儕評論　練習　作業單　詞彙

利用六個理解層面腦力激盪評量的構想
電學

利用六個理解層面產生可能的評量方式，以利揭露學生的理解程度。

說明

向全班學生說明，電池如何使燈泡發亮。

詮釋

詮釋某個結構圖，然後預測其結果。

應用

1. 設計一套電路板以完成特定的任務。
2. 排除某個電路配置的錯誤。

電學

描述電子通過簡易電流時的體驗。

1. 為什麼美國目前使用交流電而不使用直流電（歷史的觀點）？
2. 這兩類各有什麼優點？

同理心

進行前、後測，以評量常見的誤解（如：使用「力學概念量表」），然後要學生反省其深化的理解。

觀點

自我認識

利用六個理解層面腦力激盪評量的構想

利用六個理解層面產生可能的評量方式，以利揭露學生的理解程度。

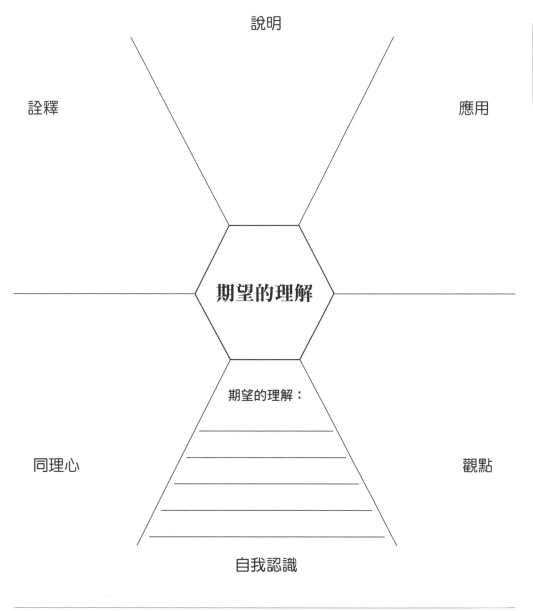

實作任務的特徵

第一部分：仔細閱讀下面幾頁的實作任務短文。哪些要素使這些任務不同於典型的測驗項目？這些實作任務有哪些共同的特徵？列出觀察到的特徵或特色。

T

所檢視的任務或短文	特徵和特色
	1. _____
	2. _____
	3. _____
	4. _____
	5. _____
	6. _____

第二部分：和同組學員分享及討論觀察的結果，然後列出所檢視的實作任務之共同特徵或共同特色。

特徵及特色：

1. _____	8. _____
2. _____	9. _____
3. _____	10. _____
4. _____	11. _____
5. _____	12. _____
6. _____	13. _____
7. _____	14. _____

實作任務舉例

1.名人堂（社會和語文，四～五年級）

州政府宣布設立名人堂來表彰地方人士對社區、對全州，以及對全國的貢獻。由於正在從＿＿＿＿＿學習關於著名人物的事蹟，你被要求提名一位你認為值得入列名人堂的人士。

你的任務是研究這位被推薦人士的生平，然後向名人堂遴選委員會說明，你推薦的候選人應該入選的理由。請確定推薦信內容已清楚描述候選人的成就和貢獻。

2.化學平衡式（化學，十一～十二年級）

你是由一群專業登山者所聘任的研究人員。高山症（hypoxia）是一系列由於身體組織缺氧而產生的癥狀（頭痛、疲倦、噁心），向上爬升高度太快的登山者容易罹患此病，但長期住在高海拔地區的雪巴人似乎沒有高山症的不舒適感。為什麼會這樣？你的小組想要知道原因，並從得到的知識獲益。

請設計一系列的實驗，這些實驗會測試登山者和雪巴人之間的高山症癥狀差異。請利用化學平衡式說明，為什麼高海拔會導致登山者罹患高山症。雪巴人如何避免這些癥狀？你如何測試得到高山症的可能性？陽性反應的測試結果看起來會像什麼？有哪些固有的誤差是必須注意的？

3.郵購的朋友（語文，幼稚園～二年級）

請想像，你有機會透過電話「訂購」郵購目錄上的朋友，然後思考你想要這位朋友具備的特質。在打電話「訂購」之前，請練習詢問三項你想要他（她）具備的特質，並且就每個特質各舉一個例子。請記得，敘述時要夠清晰、夠大聲，以利銷售員明白知道該送出哪一種類型的朋友。

4.導覽人員（外語，階段一）

你在迎新委員會服務，職責是帶領新生參觀新環境。請以新生的目標語（target language）設計一場三個地點（學校、市區、購物城）的導覽活動，並將下列詞彙納入：方向（左、右、遠、近、靠近）、地點（教室、自助餐廳、體育館、圖書館、實驗室、教堂、警消單位、學校、餐廳、商店），以及交通工具（公車、腳踏車、樓梯、自動扶梯、計程車、火車、自用車、電梯）。

5.虛構的求職（英語，七～十年級）

你的任務是從文學作品選出一位大時代的英雄，然後寫一封求職信給他，希望他能讓你加入他的探險隊。在信中，你必須具體指明你想要的職位、你的工作資歷，以及為什麼你認為自己會是團隊的資產。請透過清楚說明，你了解這個英勇團隊曾經從事過的某些艱辛冒險活動，以及在度過這類困境方面，你對他們而言是多麼有價值的人，並確保你的求職信很有說服力。請用商務書信的格式，並附上你的履歷表。

實作任務舉例（續）

6.向您致敬（語文、社會，一～三年級）

我們的班級媽媽＿＿＿＿女士，這一年來幫我們做了很多事情。在有人為你做事的時候，向他們表達感謝是很重要的。因此，每個學生要寫一封感謝信給她，讓她知道我們的班級如何受到她的幫助。

你寫的信要包括所有感謝函的要素，請確定至少寫出三件她所幫忙的事，其中至少有一件你特別要對她表達感謝的事。

7.為家裡裝板壁牆（數學，七～九年級）

承包商提出房屋修繕的估價時，我們如何得知價格是否合理？在這項任務中，屋主要求你檢視某個板壁牆承包商的修繕提案，以判定屋主是否被敲竹槓（學生會得到房間大小、材料價格、工資，以及 20%利潤的資訊）。

檢視這份提案，然後寫一封信給屋主提出你的評估結果。請記得列出計算方式，以利屋主能理解你的評估結果有哪些依據。

8.從山巔到海濱（歷史、地理、數學，五～八年級）

由九位外籍生組成的一個小組，正在你的學校做為期一個月的訪問，這是國際交流計畫的一部分（別擔心，他們會說英語！）。校長請你的班級設計四天的維吉尼亞州之旅並提出經費預算，以幫助這些訪客了解該州對於美國歷史及國家發展的影響。你必須規劃行程，以利這些訪客能造訪一些最能表現維吉尼亞州影響國家發展的景點。你的任務是準備一份旅遊導覽手冊，包括說明為什麼選擇這些景點，以及附上描繪四天旅途的地圖和一份旅遊的預算。

9.表達自我（藝術，四～七年級）

你最近分析了 Faith Ringgold 的敘事作品，以找出她用哪些方式來表達對自己的世界之看法。請思索你自己的世界、你的朋友、你的家庭、你的日常經驗，以及對你重要的事，然後選擇一幅畫或繪圖式的媒體，或者利用混合式的媒體來創造你自己的敘事作品，而這些作品表達了你對自己的世界之看法。

10.健身教練（體育，高中）

請想像你是地方上某個健康俱樂部的健身教練，你的任務是為某位顧客設計一套健身計畫（給學生特定的顧客資料──年齡、身高、體重、健身目標）。請應用健身計畫的格式，設計一套增進力量、耐力，以及彈性的十六週健身計畫。請說明你所選擇的有氧運動、厭氧運動和伸展運動，如何幫助你的顧客達成健身目標。請就示範所有練習運動和伸展運動所需要的適當技能做好準備。

應用 GRASPS 編寫實作任務的實境故事
數學

目標：

（實境故事中的）目標是使大批運送 M&M 巧克力的運費達到最小。

角色：

你的角色是 M&M 糖果公司包裝部門的工程師。

對象：

目標對象是非工程師的公司主管人員。

情境：

你必須說服吝嗇的公司主管，你提出的包裝容器設計對於特定的物品符合成本效益的用途，它能使大批運送 M&M 的運量達到最大，並且安全到達運送船。

成品的效用和目的：

你必須為安全地、符合成本效益地運送 M&M，就特定材質設計包裝容器。然後你必須編寫書面提案，其內容包括以數學方式呈現的圖解，以顯示所設計的容器如何有效應用特定的材質，並且使 M&M 的運量達到最大。

通過的標準和效標：

1. 你的容器設計提案……
   (1)對特定材質有符合成本效益的利用。
   (2)使大批運送 M&M 的運量達到最大。
   (3)能使貨品安全到達運送船。
2. 你的模式必須以數學格式表達。

應用 GRASPS 編寫實作任務的實境故事
社會

目標：

你的目標是幫助一群外國訪客了解這個地區的主要歷史特色、地理特色、經濟特色。

角色：

你是地區觀光局的實習人員。

對象：

目標對象是九位（說英語的）外國訪客。

情境：

你被要求針對本地區的四天之旅撰寫一份包括預算的計畫。請規劃旅遊路線，以利帶遊客觀賞最能表現本地區主要歷史特色、地理特色和經濟特色之景點。

成品的效用和目的：

你必須為這趟旅程編寫一份書面的旅遊指南及預算，其內容應該說明為什麼選擇各個景點，以及這些景點如何幫助遊客理解本地區的主要歷史特色、地理特色和經濟特色。另外，再附上一份能查詢旅遊路線的地圖。

通過的標準和效標：

你提出的旅遊計畫（包括旅遊指南、預算、路線圖）必須包括：
    (1)本地區的主要歷史特色、地理特色和經濟特色。
    (2)選擇各個景點的明確理由依據。
    (3)正確的、完整的預算。

範例

階段一

階段二

階段三

同儕評論

練習

作業單

詞彙

應用 GRASPS 編寫實作任務的實境故事

在編寫某個實作任務的實境故事時，請思考下列各組陳述。參考前面的構想單，以幫助你腦力激盪想出可能的實境故事（請注意：這些只是為了引發想法，請勿執意填寫所有的空格）。

(一)目標：

1. 你的任務是＿＿＿＿＿＿＿＿＿＿＿＿＿＿＿＿＿＿＿＿＿＿＿＿＿。
2. 你的目標是＿＿＿＿＿＿＿＿＿＿＿＿＿＿＿＿＿＿＿＿＿＿＿＿＿。
3. 所面對的問題或挑戰是＿＿＿＿＿＿＿＿＿＿＿＿＿＿＿＿＿＿＿。
4. 要克服的障礙是＿＿＿＿＿＿＿＿＿＿＿＿＿＿＿＿＿＿＿＿＿＿。

(二)角色：

1. 你是＿＿＿＿＿＿＿＿＿＿＿＿＿＿＿＿＿＿＿＿＿＿＿＿＿＿＿＿。
2. 你被要求＿＿＿＿＿＿＿＿＿＿＿＿＿＿＿＿＿＿＿＿＿＿＿＿＿。
3. 你的責任是＿＿＿＿＿＿＿＿＿＿＿＿＿＿＿＿＿＿＿＿＿＿＿＿。

(三)對象：

1. 你的客戶是＿＿＿＿＿＿＿＿＿＿＿＿＿＿＿＿＿＿＿＿＿＿＿＿。
2. 目標對象是＿＿＿＿＿＿＿＿＿＿＿＿＿＿＿＿＿＿＿＿＿＿＿＿。
3. 你必須說明＿＿＿＿＿＿＿＿＿＿＿＿＿＿＿＿＿＿＿＿＿＿＿＿。

(四)情境：

1. 你發現自己所在的情境是＿＿＿＿＿＿＿＿＿＿＿＿＿＿＿＿＿＿。
2. 其挑戰包括＿＿＿＿＿＿＿＿＿＿＿＿＿＿＿＿＿＿＿＿＿＿＿＿。

(五)成品的效用和目的：

1. 你要提出＿＿＿＿＿＿＿＿＿＿＿＿，以利＿＿＿＿＿＿＿＿＿＿。
2. 你必須設計＿＿＿＿＿＿＿＿＿＿，以利＿＿＿＿＿＿＿＿＿＿。

(六)通過的標準和效標：

1. 你的實作表現必須＿＿＿＿＿＿＿＿＿＿＿＿＿＿＿＿＿＿＿＿＿。
2. 你的學習會透過＿＿＿＿＿＿＿＿＿＿＿＿＿＿＿＿＿＿來評價。
3. 你的成品必須符合下列標準：＿＿＿＿＿＿＿＿＿＿＿＿＿＿＿＿。
4. 成功的結果是＿＿＿＿＿＿＿＿＿＿＿＿＿＿＿＿＿＿＿＿＿＿＿。

範例

階段一

階段二

階段三

同儕評論

練習

作業單

詞彙

可能的學生角色和對象

關鍵：○＝角色、❑＝對象

○❑ 演員
○❑ 宣傳員
○❑ 藝術家（或插畫家）
○❑ 作家
○❑ 自傳作家
○❑ 委員會成員
○❑ 老闆
○❑ 童子軍（女童軍）
○❑ 商人
○❑ 候選人
○❑ 木匠
○❑ 漫畫人物
○❑ 漫畫家
○❑ 外燴承辦者
○❑ 名人
○❑ 執行長
○❑ 主席
○❑ 主廚
○❑ 編舞家
○❑ 教練
○❑ 社區成員
○❑ 作曲家
○❑ 顧客（消費者）
○❑ 建築工人
○❑ 舞蹈家
○❑ 設計師
○❑ 偵探
○❑ 編輯
○❑ 民選的官員
○❑ 使館人員
○❑ 工程師
○❑ 專家（_____方面）
○❑ 證人

○❑ 家庭成員
○❑ 農夫
○❑ 電影製片人
○❑ 消防員
○❑ 森林巡守員
○❑ 朋友
○❑ 地質學家
○❑ 政府官員
○❑ 歷史學家
○❑ 歷史人物
○❑ 插畫家
○❑ 實習人員
○❑ 面試官
○❑ 發明家
○❑ 法官
○❑ 陪審團
○❑ 律師
○❑ 圖書館使用者
○❑ 文學批評者
○❑ 遊說者
○❑ 氣象學家
○❑ 博物館館長
○❑ 博物館遊客
○❑ 鄰居
○❑ 新聞播報員
○❑ 小說家
○❑ 營養學家
○❑ 觀察員
○❑ 陪席小組成員
○❑ 父母
○❑ 公園巡守員
○❑ 筆友

○❑ 攝影師
○❑ 飛機駕駛
○❑ 劇作家
○❑ 詩人
○❑ 警官
○❑ 民意調查者
○❑ 廣播收聽者
○❑ 讀者
○❑ 記者
○❑ 研究者
○❑ 評論者
○❑ 水手
○❑ 學校主管
○❑ 科學家
○❑ 船長
○❑ 社會科學家
○❑ 社工員
○❑ 統計學家
○❑ 說故事的人
○❑ 學生
○❑ 計程車司機
○❑ 教師
○❑ 導遊
○❑ 訓練師
○❑ 旅行社人員
○❑ 旅客
○❑ 家教
○❑ 電視觀眾
○❑ 電視或電影人物
○❑ 訪客
○❑ 網站設計者
○❑ 動物園飼養員

可能的成品和實作表現

針對理解程度和熟練度，哪些學生的作品或實作表現可以作為證據？下列清單列出可能的項目（請記得，應以具體的目的或目標，以及確認的對象來組成學生的作品和實作表現）。

書面的	口頭的	視覺的
○ 廣告	○ 錄音帶	○ 廣告
○ 自傳	○ 對話	○ 橫幅標語
○ 新書介紹或書評	○ 辯論	○ 漫畫
○ 小冊子	○ 討論	○ 拼貼畫
○ 總集	○ 讀劇本	○ 電腦繪圖
○ 縱橫字謎	○ 戲劇化	○ 資料展示
○ 社論	○ 晤談	○ 設計圖
○ 小論文	○ 口頭簡報	○ 圖解
○ 實驗紀錄	○ 口頭報告	○ 背景模型
○ 歷史小說	○ 朗讀詩歌	○ 展示
○ 日記	○ 偶戲	○ 繪圖
○ 實驗報告	○ 廣播劇本	○ 幻燈片
○ 書信	○ 饒舌歌	○ 傳單
○ 日誌	○ 滑稽短劇	○ 遊戲
○ 雜誌報導	○ 歌曲	○ 圖表
○ 備忘錄	○ 演說	○ 地圖
○ 新聞報導	○ 教學	○ 模型
○ 報紙報導		○ 繪畫
○ 戲劇		○ 攝影
○ 詩歌		○ 海報
○ 立場聲明		○ PowerPoint 播映
○ 提案		○ 問卷
○ 研究報告		○ 剪貼簿
○ 劇本		○ 雕塑
○ 故事		○ 幻燈片播放
○ 測驗	其他：	○ 情節串連圖板
○ 網站	○ ＿＿＿＿＿	○ 錄影帶
	○ ＿＿＿＿＿	○ 網站

重理解的課程設計——專業發展實用手冊

評量任務的藍本
營養

哪些理解或目標將透過這項任務來評量？ **G**

> 學生將為自己及他人設計適當的飲食。

無論任務的細節是什麼，課程標準和理解事項所暗示的效標有哪些？學生的學習必須表現出哪些特質以表示達到課程標準？

> 1. 看起來符合營養
> 2. 對口味和營養做出比較
> 3. 可實行

學生透過哪些真實實作任務來表現其理解？

> **任務概述：** **T**
>
> 由於我們一直在學習關於營養的知能，戶外教育中心的宿營主任請我們建議一套為後半年到該中心宿營三天的營養均衡菜單。請使用食物金字塔準則和食品標示上的營養資訊，設計一套三天份、包括三餐及三次點心（上午、下午、營火晚會時）的菜單。你的目標是：一份美味又營養均衡的菜單。除了菜單之外，請準備一封給宿營主任的信，說明你的菜單如何符合 USDA 營養準則，並且包括一張圖表，分析說明脂肪、蛋白質、碳水化合物、維生素、礦物質，以及卡路里的分量。

就期望學生獲得的理解而言，哪些學習結果及實作表現能提出證據？

> 有營養價值和說明圖表的菜單

> 給宿營主任的一封信

學生的學習結果及實作表現將經由哪些效標來評量？

> 1. 菜單符合 USDA 準則
> 2. 營養價值圖表內容正確完整
> 3. 菜單提及適用對象和情況

> 1. 有效說明所建議菜單的營養價值和口味的吸引力
> 2. 信件格式恰當
> 3. 拼字及體例正確

評量任務的藍本

哪些理解或目標將透過這項任務來評量？ Ⓖ

無論任務的細節是什麼，課程標準和理解事項所暗示的效標有哪些？學生的學習必須表現出哪些特質以表示達到課程標準？

學生透過哪些真實實作任務來表現其理解？

任務概述： Ⓣ

就期望學生獲得的理解而言，哪些學習結果及實作表現能提出證據？

學生的學習結果及實作表現將經由哪些效標來評量？

範例　階段一　階段二　階段三　同儕評論　練習　作業單　詞彙

效度查核

維吉尼亞州的歷史

（請注意：這是有錯誤的實例）

哪些理解或目標將透過這項任務來評量？

> 維吉尼亞州歷史科學習標準 5.7：
> 學生將理解美國南北戰爭的原因及影響，理解的重點在蓄奴制度、各州權利、領導、向西部殖民……南部各州脫離聯邦，以及軍事行動。

> 學生將展現在地形圖應用方面的知識和技能。

無論任務的細節是什麼，課程標準和理解事項所暗示的效標有哪些？學生的學習必須表現出哪些特質以表示達到課程標準？

> 1. 透過原因和影響的分析
> 2. 歷史的正確性

> 1. 地圖正確
> 2. 按比例繪製

學生透過哪些真實實作任務來表現其理解？

> **任務概述：**
>
> 　　你是某個新設博物館的開幕展規劃小組成員之一，此博物館的主旨在教育及吸引年輕人關心南北戰爭史實。你的任務是選擇一場南北戰爭的關鍵戰役，然後建構該戰役的背景模型。此背景模型要附上戰爭日期、敵方將領的姓名、雙方死傷人數，以及戰勝者是誰的索引卡。最後，請編製一幅地形圖以顯示戰場的鳥瞰圖。
> 　　請記得：你的地圖必須按比例繪製。工整和拼字正確很重要！

就期望學生獲得的理解而言，哪些學習結果及實作表現能提出證據？

> 南北戰爭的背景模型

> 戰場的地形圖

學生的學習結果及實作表現將經由哪些效標來評量？

> 1. 對南北戰爭戰役的正確描述
> 2. 索引卡的資訊正確
> 3. 工整而多彩
> 4. 拼字正確

> 1. 地形正確
> 2. 按比例繪製
> 3. 畫上羅盤
> 4. 軍隊配置方位正確
> 5. 工整而多彩

效度的評量必須連結所有這些要素

效度查核——分析

南北戰爭文物展

範例

階段一

階段二

階段三

同儕評論

練習

作業單

詞彙

檢查調整：任務使關於目標的推論成為可能嗎？

既有目標：

維吉尼亞州 SOL 歷史科標準 5.7：學生將理解美國南北戰爭的原因及影響，理解的重點在蓄奴制度、各州權利、領導、向西部殖民、南部各州脫離聯邦，以及軍事行動。

理解事項：

1. 學生將理解美國南北戰爭的原因及影響。
2. 學生將展現在地形圖應用方面的知識和技能。

實作任務：

你是某個新設博物館的開幕展規劃小組成員之一，此博物館的主旨在教育及吸引年輕人關心南北戰爭史實。你的任務是選擇一場南北戰爭的關鍵戰役，然後建構該戰役的背景模型。此背景模型要附上戰爭日期、敵方將領的姓名、雙方死傷人數，以及戰勝者是誰的索引卡。最後，請編製一幅地形圖以顯示戰場的鳥瞰圖。

學生的學習結果和實作表現：

南北戰爭的背景模型	戰場的地形圖

效標：

1. 對南北戰爭戰役的關鍵描述	1. 地形正確
2. 索引卡資訊正確	2. 按比例繪製
3. 工整而多彩	3. 畫上羅盤
4. 拼字正確	4. 軍隊配置正確
	5. 工整而多彩

1. 雖未能理解，但這項任務會表現得很好？　☐會　☐不會
2. 儘管理解，但這項任務可能會表現得很差？　☐可能　☐不可能

評論

這項課程標準要求的證據是，學生能分析和合理說明幾項關鍵的史事，以及這些事件在因果關係上的連結。

雖然有吸引力又和主題相關，但是這項實作任務無法針對課程標準的達成做出有效推論。例如，學生可能在背景模型製作方面表現很好，但卻不能證明其理解南北戰爭的因果關係。再者，把焦點放在單場的戰役上，即使是最佳的背景模型也無法使學生對戰爭的因果關係產生洞見。最後，牽涉到應用小馬達和美學技巧的實作任務很有問題，因為學生可能表現得很好或表現得很差（例如，在建構背景模型方面），而其原因和理解課程內容與否其實並沒有什麼關聯。

即使這項任務適合對課程標準做出推論，但是用於評價背景模型製作的效標有點不適宜。此處強調的重點是正確性和工整程度，和原設定期望的理解（理解因果關係），在評分上並無具體的連結。更恰當的效標可以包括「詳盡分析戰役及其影響」，因為此效標與戰役的重要性相連結（如：要學生為參觀南北戰爭展覽的博物館訪客編製導覽錄音帶）。

效度查核──修訂版

哪些理解或目標將透過這項任務來評量？

維吉尼亞州歷史科學習標準 5.7：
學生將理解美國南北戰爭的原因及影響，理解的重點在蓄奴制度、各州權利、領導、向西部殖民、南部各州脫離聯邦，以及軍事行動。

學生將理解，南北戰爭有複雜的社會原因、經濟原因、政治原因，以及有些影響仍然遺留至今。

無論任務的細節是什麼，課程標準和理解事項所暗示的效標有哪些？學生的學習必須表現出哪些特質以表示達到課程標準？

1. 透過原因和影響的分析
2. 歷史的正確性

學生透過哪些真實實作任務來表現其理解？

任務概述：
你是某個新設博物館的開幕展規劃小組成員之一，此博物館的主旨在教育及吸引年輕人關心南北戰爭史實。你的任務是選擇三、四件引發戰爭的關鍵事件，以及三、四項延續至今的戰爭影響。請提出各場展示的草圖和戰爭因果關係的流程圖或時間線，然後就其中一場展示設計視覺的或真實的模型（個別的展示可以強調一個以上的原因、影響或因果連結）。請使用任何最有辯解力的媒體，來說服博物館長同意你的選擇和設計。

就期望學生獲得的理解而言，哪些學習結果及實作表現能提出證據？

對展覽的提案

展覽的模型

學生的學習結果及實作表現將經由哪些效標來評量？

1. 對因果關係的詳盡分析
2. 歷史的正確性
3. 合理的決定

1. 簡報的精緻程度
2. 草圖的技藝高低
3. 展示的技藝高低

評量設計的構想之自我測驗

階段一 | 期望的學習結果：

階段二 | 計畫的評量：

	非常可能	有點可能	很不可能

一、透過下列方式，學生有多大可能會在評量上有良好表現？

1. 根據有限的理解做出聰明的猜測？ ❑ ❑ ❑

2. 機械式模仿或提取所學知識，回想的內容正確但並未理解或
   理解有限？ ❑ ❑ ❑

3. 非常努力認真學習，但是理解程度有限？ ❑ ❑ ❑

4. 產生可喜的學習結果和表現，但是理解程度有限？ ❑ ❑ ❑

5. 應用與生俱來的闡釋能力和智慧，但對於有疑問的內容理解
   有限？ ❑ ❑ ❑

二、透過下列方式，學生有多大可能會在評量上有很差的表現？

6. 除了對大概念有深度理解之外，無法達到實作表現的目標
   （例如，評量任務與目標無關）？ ❑ ❑ ❑

7. 除了對大概念有深度理解之外，無法達到評分和評等的效標
   （例如，有些效標很武斷，過度強調或不當強調與期望的結果，
   或者與這類任務的真實卓越表現極少相關的事物）？ ❑ ❑ ❑

目標：使你的所有答案「很不可能」

效標本位的實作表現列表

實作表現列表，提供了根據確認的效標來評價學生表現的實用方式，包括的項目有效標、實作的要素或特質，以及評量表。其中評量表相當有彈性，範圍可從 3 分到 100 分。

教師可以設定不同要素的分數，以利根據成就表現目標的相對重要性來「加權」某些要素（如：正確性比工整性更重要）。這些列表可以設計成很容易轉換為傳統的分數，例如，教師可以設定加總分數是 25 分、50 分或 100 分的分數或權重，以便直截了當地轉換成學區或學校的分數量表（如：90 分到 100 分為「A」等第、80 分到 89 分為「B」等第，依此類推）。若事先對學生說明這些列表，就可以提供學生清楚的實作表現目標，向學生指出有哪些要素應該被包括在學習結果之內。

除了這些益處之外，實作表現列表並不具體描述實作表現的層次，因此，儘管效標相同，使用相同實作表現列表的不同教師，可能會對同一位學生的表現有很不同的評分。

資料圖表呈現方式的實作表現列表

	是	否	分數：
1. 圖表包含說明資料重點的標題。	☐	☐	☐
2. 圖表各部分（如數據的單位、行列）標示都正確。	☐	☐	☐
3. 所有資料都正確呈現在圖表上。	☐	☐	☐
4. 圖表整齊易讀。	☐	☐ +	☐

總計 ☐

整體式評分指標

　　整體式評分指標描述學生學習後的一般表現，並且就作品或實作表現產生單一的分數或等級。這類指標適用於評價簡單的作品或實作表現，例如，學生對答案開放的測驗問題之回答。由於對整體的品質或成就提供快照式的評價，因此這類指標經常被用於大規範的測驗（全國的、全州的或學區的層級），以評量眾多學生的答案。再者，它也適用於評價某個作品或實作表現的成效（如：在多大程度上，小論文具有說服力？這齣劇是否有娛樂效果？）。

　　除了這些優點之外，整體式評分指標有其應用上的限制。它不提供作品或實作表現優缺點的詳細分析，因為單一的分數通常不適合顯示學生在哪些方面有良好表現，以及在哪些方面必須繼續改進；再者，其分數難以提供學生具體的回饋。

資料的圖表呈現之整體式評分指標

3	所有資料都正確呈現在圖表上。圖表各部分（如數據的單位、行列）都有正確的標示；圖表包含清晰說明資料重點的標題；圖表整齊易讀。
2	大部分資料都正確呈現在圖表上，或者圖表包括了些微的錯誤。圖表各部分都有正確的標示，或者圖表包括了些微的錯誤。圖表包含的標題能概略說明資料的重點。一般而言，圖表整齊、內容有可讀性。
1	資料呈現有誤，包括了重大的錯誤或缺資料。只有某些部分的圖表標示正確，或者某些部分毫無標示。圖表標題無法反映資料的重點，或者缺少標題；圖表很雜亂，難以閱讀。

右側標籤：範例　階段一　階段二　階段三　同儕評論　練習　作業單　詞彙

特點分析式評分指標

特點分析式評分指標，將學習結果或實作表現分成個別的特點或面向，然後分別評價每個特點。由於分析式評分指標就每一項列出的特點各自評分，因此每項特點都各有獨立的分數（即使也計算單一的總分）。

分析式評分指標較適用於評價包含幾個重要層面的複雜實作任務（如研究）。作為評量工具，關於某項實作表現的優缺點，它能提供學生、家長，以及教師更具體的資訊或回饋。教師能利用分析式評量所提供的資訊，針對有需要的特定領域實施重點教學。從教學的觀點而言，分析式評量指標能幫助學生更了解有品質的學習之特色，因為這些指標確認了學習結果或實作表現的重要層面。

然而，學習應用分析式評分指標通常是件費時的事，因為要考慮列入評量的幾個特點，而且分析式評分可能會產生比整體式評分更低的評分者間信度（inter-rater reliability；不同評量者之間的評分一致度），因此，分析式評分可能較不適合用於要求速度和信度的大規模測驗情境。

請留意：請勿將特點分析式評分的概念混淆成評分指標的格式。如果各分數的整段敘述能說明每一項特點，而且每一項特點應該分別評分，那麼有多項特點的特點分析式評分，就可以集中在一頁的篇幅來進行。同樣地，就某項特定作業而言，我們可以決定依據一項效標來進行評量，但是這項唯一的評分指標會以分析式特點為焦點，而不以整體實作表現為焦點。

資料圖表呈現之特點分析式評分指標

權重	主標題	各項標示	正確度	工整度
	10%	20%	30%	40%
3	圖表包含清晰說明資料重點的標題。	圖表各部分（如數據的單位、行列）都有正確的標示。	所有資料都正確呈現在圖表上。	圖表非常整齊易讀。
2	圖表包含的標題能概略說明資料的重點。	圖表某些部分的標示有錯。	圖表包括了些微的錯誤。	一般而言，圖表整齊、內容有可讀性。
1	圖表標題無法反映資料的重點，或者缺少標題。	只有少部分的圖表標示正確，或者缺標示。	資料呈現有誤，包括重大的錯誤或缺資料。	圖表很雜亂，難以閱讀。

找出重要的實作表現品質

第一部分：分別列出＿＿＿＿＿＿＿＿＿＿＿＿＿＿＿＿＿＿的重要品質或特點。

- ❏ ＿＿＿＿＿＿＿＿＿＿＿＿＿＿＿＿＿＿＿＿
- ❏ ＿＿＿＿＿＿＿＿＿＿＿＿＿＿＿＿＿＿＿＿
- ❏ ＿＿＿＿＿＿＿＿＿＿＿＿＿＿＿＿＿＿＿＿
- ❏ ＿＿＿＿＿＿＿＿＿＿＿＿＿＿＿＿＿＿＿＿
- ❏ ＿＿＿＿＿＿＿＿＿＿＿＿＿＿＿＿＿＿＿＿
- ❏ ＿＿＿＿＿＿＿＿＿＿＿＿＿＿＿＿＿＿＿＿
- ❏ ＿＿＿＿＿＿＿＿＿＿＿＿＿＿＿＿＿＿＿＿
- ❏ ＿＿＿＿＿＿＿＿＿＿＿＿＿＿＿＿＿＿＿＿

- -

第二部分：和你的小組同學一起歸納出四到六項重要的特點，然後列在下方空格。

1. ＿＿＿＿＿＿＿＿＿＿＿＿＿＿＿＿＿＿＿＿
2. ＿＿＿＿＿＿＿＿＿＿＿＿＿＿＿＿＿＿＿＿
3. ＿＿＿＿＿＿＿＿＿＿＿＿＿＿＿＿＿＿＿＿
4. ＿＿＿＿＿＿＿＿＿＿＿＿＿＿＿＿＿＿＿＿
5. ＿＿＿＿＿＿＿＿＿＿＿＿＿＿＿＿＿＿＿＿
6. ＿＿＿＿＿＿＿＿＿＿＿＿＿＿＿＿＿＿＿＿

範例

階段一

階段二

階段三

同儕評論

練習

作業單

詞彙

重理解的課程設計──專業發展實用手冊

簡單的理解對複雜的理解
南北戰爭

　　利用下列的作業單編寫一份簡單的評分指標，以評量某個目標大概念的理解程度或複雜的技能程序。從找出某項複雜的、專家程度的理解事項之指標開始，然後列出新手的理解事項（及可能的錯誤理解）之指標。這些列表能描述最高層次和最低層次的評分指標量表。

| 理解： | 南北戰爭的原因和影響 |

簡單的　　　　　　　　　　　　　　　　　　　　　**複雜的**

新手的看法……	專家的看法……
1. 假定事件的每一個結果，都有明確的單一原因及可預測的單一結果。	1. 重大事件通常有許多的成因及後果，其中有些因果關係很微妙。
2. 相信南北戰爭的開戰是為了對抗不道德的蓄奴。	2. 南北戰爭是由好幾項原因所引發，包括各州的權利問題、南方和北方的基本經濟差異和文化差異，以及對於蓄奴的分歧意見。
3. 下結論說：好人贏了，因此聯邦得以延續。	3. 戰爭的持續影響，明顯見於對地區政府的效忠、不斷抱怨聯邦的控制，以及對南部聯盟象徵物的忠誠（如：對於美利堅聯盟國國旗）。

簡單的理解對複雜的理解

勸服

　　利用下列的作業單編寫一份簡單的評分指標，以評量某個特定大概念的理解程度或複雜的技能程序。從找出某項複雜的、專家程度的理解事項之指標開始，然後列出新手的理解事項（及可能的錯誤理解）之指標。這些列表能描述最高層次和最低層次的評分指標量表。

理解：　　　　　　　　　　勸服

簡單的	複雜的
新手的看法……	專家的看法……
1. 認為提出邏輯的論點，就足以勸服他人。	*1.* 認為勸服常常以對群眾情緒的洞見為根據，在潛意識的層次上起作用。
2.	*2.*
3.	*3.*
4.	*4.*
5.	*5.*
6.	*6.*
7.	*7.*
8.	*8.*
9.	*9.*
10.	*10.*
11.	*11.*
12.	*12.*

左側邊欄（由上至下）：
範例
階段一
階段二
階段三
同儕評論
練習
作業單
詞彙

簡單的理解對複雜的理解

利用下列的作業單編寫一份簡單的評分指標，以評量某個特定大概念的理解程度或複雜的技能程序。從找出某項複雜的、專家程度的理解事項之指標開始，然後列出新手的理解事項（及可能的錯誤理解）之指標。這些列表能描述最高層次和最低層次的評分指標量表。

理解：

簡單的 　　　　　　　　　　　　　　　　　　　　　　　　複雜的

新手的看法……	專家的看法……
1._____	1._____
2._____	2._____
3._____	3._____
4._____	4._____
5._____	5._____
6._____	6._____

有兩項基本特點的分析式評分指標

利用以下表格來評量：(1)學生的理解程度；以及(2)實作的成效或學習結果的成效。

特點	理解	實作表現或實作品質
量尺	權重→ 65%	35%
4	對相關的概念或程序表現出複雜的理解。所提出的概念、證據、論點、限制條件，所問的問題，以及所應用的方法都很優異，充分超越了同年齡學生對這個主題的一般掌握能力。	實作表現或學習結果有高度成效。以有吸引力、精緻的、清晰的、完整的方式來呈現想法，而且考慮到表達的對象、情境、目的。最後的學習結果或實作表現展現出不同凡響的技藝。
3	對相關的概念或程序表現出紮實的理解。所應用的概念、證據、論點、方法等，都很適合探討這些議題或問題。對關鍵的概念沒有錯誤的理解，也沒有使用過度簡化的方法。	實作表現或學習結果有成效。以清晰的、完整的方式來呈現想法，顯示其注意到表達的對象、情境、目的。
2	對相關的概念或程序表現出有點簡單的或有限的理解。所應用的概念、證據、論點、方法等，對於探討這些議題或問題都有點簡單、粗略或不適宜。提出的答案可能揭露了對關鍵概念或方法的某些誤解。	實作表現或學習結果有一些成效。在清晰度、完整性、表達方式、內容精緻度方面有點問題。不確定是否曾經考慮過表達的對象、情境、目的。
1	對相關的概念或程序表現出極少的正確理解。所應用的概念、證據、論點、方法等，都不適合探討這些議題或問題。提出的答案揭露了對關鍵概念或方法的重大誤解。	實作表現或學習結果成效不彰。實作表現很粗略，對於預先的設計、練習，以及對目的和對象的考慮僅提供了極少的證據，或者呈現方式過於不清楚，以至於很難判斷重點。

效標及評分指標的構想

　　學習者的理解結果應該透過哪些效標來評量？這個問題的解答關鍵在於，確保評量的事項對學習者的理解很重要，而不只是容易評分的事項而已。此外，我們必須確認已找出實作表現的各項特點（如：論文架構良好但內容貧乏，反之亦然），以確保學生能得到具體有效的回饋。最後，我們必須確定已將不同類別的效標（如：理解的程度對實作表現所揭露的品質）納入考慮。效標及評分指標的構想舉例請見以下三頁。

有指標範例的四類實作表現效標

內容效標	過程效標	品質效標	結果效標
描述對事實資訊，或者對概念、原理、程序等之理解，所表現的知識程度。	描述技能高低或熟練的程度，也指所用程序或方法的效用。	描述在學習結果或實作上明顯表現的品質高低。	描述目的、目標或結果的達成程度及其造成的整體影響。
精確的 適當的 真實的 完全的 正確的 可信的 說明的 證實的 重要的 深度的 有洞見的 邏輯的 有連結的 準確的 複雜的 有支持力的 徹底的 有效的	細心的 聰明的 一致的 協同的 精確的 協調的 有效的 足夠的 無誤的 遵循的程序 邏輯的或合理的 技術上正確的 有條理的 一絲不苟的 有組織的 有計畫的 有目的的 熟練的 有順序的 有技巧的	有吸引力的 有能力的 有創意的 詳細的 廣泛的 有焦點的 優美的 熟練的 工整的 新穎的 有組織的 精緻的 準確的 流暢的 嚴謹的 有技巧的 有風格的 順暢的 獨特的 精製的	有益的 確信的 令人信服的 決定性的 有效的 吸引人的 有趣的 有知識的 激勵人心的 達到標準 令人難忘的 令人感動的 有說服力的 已證明的 積極的 令人滿意的 顯著的 已理解的 有用的

效標及評分指標的構想（續）

理解的程度	實作表現的品質
精確的	全面的
可信的	有效用的
關鍵的	有效率的
闡明的	巧妙的
舉例說明的	有吸引力的
有洞見的	流暢的
有根據的	優雅的
證明合理的	技術上合理的
有意義的	有說服力的
有洞察力的	平衡的
看似合理的	精緻的
揭露的	實用的
敏覺的	準確的
深刻的	有技巧的
複雜的	解決的
不凡的	徹底的

與六個理解層面相關的效標					
層面一	層面二	層面三	層面四	層面五	層面六
說明	**詮釋**	**應用**	**觀點**	**同理心**	**自我認識**
精確的	闡述的	適當的	可信的	開放的	有洞見的
連貫的	舉例說明的	有效用的	關鍵的	有洞察力的	後設認知的
巧妙的	重要的	有效率的	有洞見的	善於接受的	反省的
證明合理的	有意義的	流暢的	看似合理的	積極的	自我調整的
可預測的	揭露的	優雅的	揭露的	敏覺的	自我覺知的
徹底的	意味深長的	實用的	不凡的	圓融的	有智慧的

範例

階段一

階段二

階段三

同儕評論

練習

作業單

詞彙

分析式評分指標的表格

理解事項：

具體的學習結果或實作表現：

量表 ╲ 特點					
權重 →					
4					
3					
2					
1					

程度差異方面的描述語

在「初次」建構四分量表的評分指標時，請使用下列一般術語來描述實作表現的程度差異。在應用評分指標之後分析學生的學習結果，會產生更精確的描述語及更高層次的評分指標。

理解程度

1. 徹底完全
2. 膚淺的
3. 少部分的或不完全的
4. 錯誤理解或嚴重的錯誤觀念

頻率高低

1. 總是或持續地
2. 經常或常常
3. 有時或偶爾
4. 很少或從不

有效程度

1. 高度有效的
2. 大致有效的
3. 稍微有效的
4. 無效的

獨立程度

學生完成任務的方式為：

1. 獨力地
2. 以最少的協助
3. 以適度的協助
4. 以相當大的協助

精確程度

1. 完全精確；（事實、概念、方法、計算）全部正確
2. 大致精確；細微的錯誤不至於影響整個結果
3. 不精確；有幾項減損結果的錯誤
4. 非常不精確；從頭到尾都有重大錯誤

清晰程度

1. 格外清晰；容易了解
2. 大致清晰；能夠了解
3. 不夠清晰；難以了解
4. 很不清晰；無法了解

範例
階段一
階段二
階段三
同儕評論
練習
作業單
詞彙

評量理解程度的通用評分指標

精熟的

5： 學生的學習顯示出對所學教材的高度理解。其提出的概念、證據、論點、條件限制，所問的問題，以及所使用的方法，都有專家級的洞見，顯示其對該主題的領會充分超越了同年級學生的一般學習表現。學生能領會概念或問題的要義，然後應用最有效的學習來解決問題，其學習結果顯示他（她）能夠做出細微的區分，以及能夠將特定的挑戰任務連結到更重大、更複雜、更概括的原理。

4： 學生的學習顯示出對所學教材的良好理解。其提出的概念、證據、論點、條件限制，所問的問題，以及所使用的方法，都包含了更高層次的難度和效用。對該年級學生的學習經驗而言，學生能適當構思問題。雖然答案可能理解有限、有點簡單或華而不實，但並未出現錯誤的理解或過度簡單的答案。

3： 學生的學習顯示出對所學議題的適當理解。其在學習過程中對知識、概念、方法的控制能力，能使問題就原設定的難度被解決。與精練的學習相比較，學生展現了較少的慎思明辨能力，並且對於關鍵的概念有一些誤解。學習結果可能產生正確的答案，但是就該年級的學習經驗而言，其採用的觀點、概念或方法比教師期望的更為簡單。

2： 學生的學習顯示，其對所學概念和議題的理解很膚淺或很有限。在被要求表現更複雜的學習結果，以及可從先前的學習獲得所需知識時，學生卻採用簡單的定律、公式、方法、概念。學生錯誤理解或錯誤應用了重要的概念，其學習可能對問題的全部或大部分有適當的探究，但是其採用的概念和方法卻過度簡化。

1： 學生的學習顯示，其對於問題所包含的基本概念和議題都缺乏明確理解。會針對問題刻意用上不正確或不適合的知識。

0： 在該問題所包含的教材方面，學生的回答缺乏足夠證據來判斷其知識程度（通常是由於學生無法完成學習）。

資料來源：《以課程設計更新學習》（*Relearning by Design*）和教育測驗服務社（Educational Testing Service）共同創立之「評量的魔法」（The Assessment Wizard）網站，它包括了四十種以上的評分指標和一百五十種以上的評量工具，並且能讓使用者設計及分享既有的評量工具或教師設計的評量工具。

將具體指標加到通用的特點評分指標

寫勸說文

　　編寫評分指標的有效方法之一，涉及到找出相當通用的學區層級評分指標。然後，可以針對特定的年級或基準層級，修訂這些通用的評分指標。此外，教師可以加上具體指標以更適合個別的評量任務，進而使得這些通用的指標更加精確。

勸說文（教師加上的指標以加重號顯示）

學區的評分指標

1.　論文寫得極有說服力。想法和論點格外紮實，並且以高度清晰、高度有效的方式來表達。此論文表現手法細膩，明確考慮到寫作目的、對象、情境，是一件技巧精熟的作品。

更具體的指標

(1)這篇論文把複雜的語法和修辭技巧應用得很出色。
(2)包含了完備的參考文獻和充足的附註。
(3)已考慮到關鍵的相反論點，並且提出反駁。
(4)句子結構多樣而複雜。
(5)如果在技巧和拼字方面有細微的錯誤，也不會干擾到論文的流暢度。

學區的評分指標

4.　論文欠缺說服力。所表達的想法和論點有明顯的缺失或落差，文中有多數內容的和修辭的錯誤，或者所應用的支持證據和參考資料不正確、不適當。

更具體的指標

(1)所應用的勸說技巧很少或很簡單（如：陳述某個強烈的信念、批判其他的觀點、被某個權威觀點吸引）。
(2)論文呈現的缺點暗示了欠缺適當的構思和修訂，或者對寫作的目的、對象、情境等有所誤解，而且也對於勸說文的寫作技巧理解不正確。
(3)在句子的結構、用法、技巧方面有較大的錯誤，或者拼字錯誤干擾到文章的可讀性。
(4)文中有許多地方條理不明，難以理解。
(5)所用字詞可能不夠精確、不夠適當或不夠純熟，以至於無法傳達想要表達的訊息。

設計有效評分工具的訣竅

1. 在決定評量目的和最佳表現的品質之後，確定評分工具（評分指標或查核單）包括了最重要的特點。請考慮：

   (1)你所評分的項目是容易評分的還是重要的項目？

   (2)學生有可能達到所有的評分效標，然後獲得高分，但卻無法真正表現出教師期望的理解結果，或無法產生最佳作品嗎？

   (3)有任何一則效標或評分的理由是武斷的嗎？換言之，給分與否所根據的特點和這項特定任務的最佳表現幾乎無關嗎？

2. 請留意評分工具常見的下列問題：

   (1)以文章長度而非文章的品質來評分。

   (2)聚焦在技巧、內容組織、表達方式而非內容和效果（如：科學專題研究的展示可能很吸引人但卻內容膚淺）。

   (3)重數量，不重結果（如：重視研究報告中所用到的參考文獻數量，而不重視這些文獻的適合度和完整性；重視勸說文提到的理由數量而非推論的邏輯性）。

   (4)要求實作過程必須遵循絕對的形式（如：五段式論文），即使成功的專家表現可能採用不同的形式或非傳統的方法。

3. 檢查整個評分量表中的描述語是否一致。例如，如果在高分部分的描述語包括「總是」和「徹底的」，那麼在低分部分也應該出現相仿的描述語——「偶爾」和「不完整」。

4. 利用下列問題提示來避免上述問題：

   (1)由於（這項實作）的目標在提供＿＿＿＿＿＿＿＿＿＿＿的證據，我們必須評量實作任務是否做到＿＿＿＿＿＿＿＿＿＿。（考慮過該任務的目的及所需的證據之後，請列出適合的特點。）

   (2)最佳的學習結果總是＿＿＿＿＿＿＿＿＿＿（從你的清單中插入評量的特點）。這個句子合理嗎？如果合理，那麼該特點就適用；如果不合理，該特點就可能流於武斷。

查核你對編製評分指標的理解程度

閱讀下列有錯誤的評分指標。你注意到哪些問題？如何改善這套指標？

南北戰爭重演者之評分指標
（有錯誤）

4 重演者在戰場上或軍營中總是全身穿著毛衣。在扮演該角色時，他完全去掉二十世紀的用詞，並且完全以硬麵包和咖啡為食物，因此在延長的重演過程，感染了寄生蟲和煩人的腸胃不適。

3 重演者在七月天還是全身穿著毛衣。她通常會遵守練習的命令，以利跟著行軍和使用來福槍，乾糧袋則裝著硬麵包和咖啡。她在戰場上能正確辨識聯邦和南方聯盟的軍隊。

2 重演者穿著人造衣料製成的藍制服。他遵守大部分的命令，但是比其他同伴的動作慢上三到五秒，而且乾糧袋中藏著巧克力棒、水壺中裝著啤酒。他有時候會忘記哪一方穿著藍衣、哪一方穿著灰衣。

1 重演者穿的制服搭配了金鶯隊的棒球帽、硬岩咖啡館的 T 恤，以及銳跑球鞋。她分不出聯邦和南方聯盟的軍隊，因為她曾經問說：「你是聯邦還是南方聯盟的軍人？」對著自己的同袍開槍後，她接著不是打傷自己就是打傷同袍。十九世紀的戰場上散落著她留下來的 Twinkie 口香糖和大麥克漢堡的包裝紙袋。

——摘自 Dr. Tim Dangel, Anne Arundel Schools (MD)

草擬實作任務的步驟

本書已提供各種作業單來幫助讀者設計實作評量任務，以利提出學生理解所學的證據。下列程序舉例，說明了使用各種 UbD 作業單來草擬實作任務的順序。

考慮所需的證據

1. 使用一種以上下列的作業單來考慮證明理解所需要的證據：
   (1)理解事項暗示的是什麼？
   (2)課程標準所暗示的評量是什麼？
   (3)蒐集達到課程標準的充足證據。
   (4)設計時考慮到學生的錯誤理解。

利用六個層面腦力激盪想出理解的證據

2. 使用一個以上的理解層面作業單修正你的想法，以利腦力激盪實作任務的構想，進而提供理解的證據：
   (1)將理解事項轉換成可能的實作表現。
   (2)根據六個理解層面，產生實作任務的動詞描述語。
   (3)透過六個理解層面，腦力激盪想出評量的點子。
   (4)評量理解──用六個層面的作業單。
   (5)課程標準（及事實資訊）所暗示的評量是什麼？

利用 GRASPS 建構任務的情境

3. 利用 GRASPS 作業單，更完整地設計實作任務的表現情境：建構實作任務的情境（GRASPS）。

完成實作任務藍本

4. 利用實作任務藍本來充實實作任務的要素，包括訂為目標的標準或理解事項、暗示的效標、進行任務時的情境、學習結果和實作表現，以及評量的效標等。

查核效度和連結

5. 利用「評量任務藍本：效度查核」，檢查任務要素之間的效度和連結。

6. 根據訂為目標的理解事項及學習結果或實作表現，考慮最適當的效標：
   (1)效標：簡單的理解對複雜的理解。
   (2)效標及評分指標的構想。

考慮最適合的效標

7. 利用下列設計一個以上的評分指標：
   (1)分析式評分指標。
   (2)「評量的魔法」網站所提供的實例。

設計評分指標

以上請在同儕評論和實際測試之後修正之。

產生實作任務的想法：第一部分

大草原的生活

(T)

> 學生表現出理解：墾拓者在大草原的生活充滿了危險艱苦。

當他們能夠：　　　　　　　　　　　　　　**為什麼（或如何……）**

說明	☐ 連結　☐ 描述　☐ 解釋 ☑ 告訴　☐ 證明　☐ 說服 ☐ 教學　☐ 展現　☐ 證實

➡ 其他人有關大草原生活的危險艱辛之事。

詮釋	☐ 分析　☐ 舉例說明　☑ 詮釋 ☐ 理解……　☐ 揭露 ☐ 陳述　☐ 展現

➡ 信件、日記、照片，以獲得對墾拓者艱苦生活的深刻見解。

應用	☐ 創造　☐ 建構　☐ 偵除錯誤 ☐ 決定　☑ 設計　☐ 證明 ☐ 引導　☐ 利用　☐ 實施 ☐ 建議　☐ 解決

➡ 博物館展覽，以揭露墾拓者在大草原上的生活如何充滿危險艱辛。

轉換觀點	☑ 比較　☐ 批評　☐ 辯論 ☐ 評鑑　☐ 轉換觀點 ☐ 測試　☐ 考慮各種觀點

➡ 人們為什麼離開家園——過去對現在。

同理	☐ 同理……　☑ 想像 ☐ 設身處地 ☐ 認為這有可能……

➡ 墾拓者的苦難和勇氣。

自我評量	☐ 調整　☑ 反省　☐ 修正 ☐ 自評　☐ 知道自己習於

➡ 比起現在，過去的日子有多艱苦。

範例

階段一

階段二

階段三

同儕評論

練習

作業單

詞彙

產生實作任務的想法：第二部分

大草原的生活

關鍵：○＝角色、△＝對象

○△ 演員	○△ 家庭成員	○△ 飛機駕駛
○△ 宣傳員	○△ 農夫	○△ 劇作家
○△ 藝術家（或插畫家）	○△ 電影製片人	○△ 詩人
○△ 作家	○△ 消防員	○△ 警官
○△ 自傳作家	○△ 森林巡守員	○△ 民意調查者
○△ 委員會成員	○△ 朋友	○△ 廣播收聽者
○△ 老闆	○△ 地質學家	○△ 讀者
○△ 童子軍（女童軍）	○△ 政府官員	○△ 記者
○△ 商人	○△ 歷史學家	○△ 研究者
○△ 候選人	○△ 歷史人物	○△ 評論者
○△ 木匠	○△ 插畫家	○△ 水手
○△ 漫畫人物	○△ 實習人員	○△ 學校主管
○△ 漫畫家	○△ 面試官	○△ 科學家
○△ 外燴承辦者	○△ 發明家	○△ 船長
○△ 名人	○△ 法官	○△ 社會科學家
○△ 執行長	○△ 陪審團	○△ 社工員
○△ 主席	○△ 律師	○△ 統計學家
○△ 主廚	○△ 圖書館使用者	○△ 說故事的人
○△ 編舞家	○△ 文學批評者	○△ 學生
○△ 教練	○△ 遊說者	○△ 計程車司機
○△ 社區成員	○△ 氣象學家	○△ 教師
○△ 作曲家	✓△ 博物館館長	○△ 導遊
○△ 顧客（消費者）	○△ 博物館遊客	○△ 訓練師
○△ 建築工人	○△ 鄰居	○△ 旅行社人員
○△ 舞蹈家	○△ 新聞播報員	○△ 旅客
○△ 設計師	○△ 小說家	○△ 家教
○△ 偵探	○△ 營養學家	○△ 電視觀眾
○△ 編輯	○△ 觀察員	○△ 電視或電影人物
○△ 民選的官員	○△ 陪席小組成員	○✓ 訪客
○△ 使館人員	○△ 父母	○△ 網站設計者
○△ 工程師	○△ 公園巡守員	○△ 動物園飼養員
○△ 專家（_____方面）	○△ 筆友	○△ 其他：_____
○△ 證人	○△ 攝影師	

學習結果和實作表現

☐ 廣告　☐ 報導　☐ 錄音帶　☐ 新書介紹　☐ 小冊子　☐ 漫畫　☐ 拼貼畫　☐ 解釋　☐ 資料呈現　☐ 證明
☐ 設計　☐ 圖解　☑ 日記　☐ 背景模型　☐ 說明　☐ 展示　☐ 戲劇化　☑ 繪圖　☐ 社論　☐ 電子郵件訊息
☐ 小論文　☑ 展覽　☐ 實驗　☐ 遊戲　☐ 圖　☐ 圖表　☐ 晤談　☐ 調查　☐ 日誌　☐ 課堂活動　☑ 信件
☐ 日誌　☐ 地圖　☐ 備忘錄　☐ 模型　☐ 博物館展覽　☐ 新聞報導　☐ 繪畫　☐ 照片　☐ 計畫　☐ 詩歌
☐ 立場聲明　☐ 海報　☐ 電腦簡報　☐ 提案　☐ 饒舌歌　☐ 報告　☐ 評論　☐ 劇本　☐ 滑稽短劇
☐ 幻燈片展示　☐ 歌曲　☐ 演說　☐ 故事　☐ 測驗或考試　☐ 錄影帶　☐ 網站

範例　階段一　階段二　階段三　同儕評論　練習　作業單　詞彙

產生實作任務的想法：第三部分
大草原的生活

實作任務的構想

你是某個美國歷史博物館的館長。

請設計一場「大草原生活」的博物館展覽，展品包括繪畫、家書，以及模擬的日記記述。展覽的目的是告訴訪客墾拓者所面對的挑戰。

你的展覽應該……

達到下列標準

○ 精確的　○ 適當的　○ 合適的　○ 清晰的　○ 令人信服的　○ 正確的
○ 有創意的　○ 可辯護的　○ 有效用的　○ 有效率的　○ 巧妙的　○ 有同情心的
○ 有趣的　✓ 有知識的　○ 有洞見的　○ 證實合理的　○ 新穎的　○ 有組織的
○ 有洞察力的　○ 有說服力的　○ 精緻的　○ 準確的　○ 熟練的　○ 反省的
○ 積極的　○ 揭露的　✓ 敏覺的　○ 有技巧的　○ 複雜的　○ 有支持力的
○ 徹底的　○ 可理解的　○ 獨特的　○ 有效的　○ 經過證實的　✓ 精製的
○ 其他：＿＿＿＿＿＿＿＿＿

因此

博物館訪客更了解墾拓者在大草原生活的危險艱辛。

產生實作任務的想法：第一部分
科學方法

T

> 學生表現出理解：將關鍵變項有系統地隔離及控制，使科學家能判別因果關係。

當他們能夠：　　　　　　　　　　　　為什麼（或如何……）

說明	☐ 連結　☐ 描述　☑ 解釋 ☐ 告訴　☐ 證明　☐ 說服 ☐ 教學　☐ 展現　☐ 證實	➡	為什麼必須控制變項及如何進行？
詮釋	☐ 分析　☐ 舉例說明　☑ 詮釋 ☐ 理解……　☐ 揭露 ☐ 陳述　☐ 展現	➡	實驗的結果，以判定實驗設計的效度。
應用	☐ 創造　☐ 建構　☑ 偵除錯誤 ☐ 決定　☑ 設計　☐ 證明 ☐ 引導　☐ 利用　☐ 實施 ☐ 建議　☐ 解決	➡	1.（偵除）他人所設計的錯誤實驗。 2.（設計）實驗以判別原因和結果。
轉換觀點	☐ 比較　☐ 批評　☐ 辯論 ☐ 評鑑　☐ 轉換觀點 ☐ 測試　☐ 考慮各種觀點	➡	
同理	☐ 同理……　☐ 想像 ☐ 設身處地 ☐ 認為這有可能……	➡	
自我評量	☐ 調整　☐ 反省　☐ 修正 ☐ 自評　☑ 知道自己習於	➡	遽下結論。

產生實作任務的想法：第二部分

科學方法

關鍵：〇＝角色、△＝對象

〇△ 演員　　　　　　　　〇△ 家庭成員　　　　　　〇△ 飛機駕駛
〇△ 宣傳員　　　　　　　〇△ 農夫　　　　　　　　〇△ 劇作家
〇△ 藝術家（或插畫家）　〇△ 電影製片人　　　　　〇△ 詩人
〇△ 作家　　　　　　　　〇△ 消防員　　　　　　　〇△ 警官
〇△ 自傳作家　　　　　　〇△ 森林巡守員　　　　　〇△ 民意調查者
〇△ 委員會成員　　　　　〇△ 朋友　　　　　　　　〇△ 廣播收聽者
〇△ 老闆　　　　　　　　〇△ 地質學家　　　　　　〇△ 讀者
〇△ 童子軍（女童軍）　　〇△ 政府官員　　　　　　〇△ 記者
〇△ 商人　　　　　　　　〇△ 歷史學家　　　　　　〇△ 研究者
〇△ 候選人　　　　　　　〇△ 歷史人物　　　　　　〇△ 評論者
〇△ 木匠　　　　　　　　〇△ 插畫家　　　　　　　〇△ 水手
〇△ 漫畫人物　　　　　　〇△ 實習人員　　　　　　〇△ 學校主管
〇△ 漫畫家　　　　　　　〇△ 面試官　　　　　　　☑△ 科學家
〇△ 外燴承辦者　　　　　〇△ 發明家　　　　　　　〇△ 船長
〇△ 名人　　　　　　　　〇△ 法官　　　　　　　　〇△ 社會科學家
〇△ 執行長　　　　　　　〇△ 陪審團　　　　　　　〇△ 社工員
〇△ 主席　　　　　　　　〇△ 律師　　　　　　　　〇△ 統計學家
〇△ 主廚　　　　　　　　〇△ 圖書館使用者　　　　〇△ 說故事的人
〇△ 編舞家　　　　　　　〇△ 文學批評者　　　　　〇☑ 學生
〇△ 教練　　　　　　　　〇△ 遊說者　　　　　　　〇△ 計程車司機
〇△ 社區成員　　　　　　〇△ 氣象學家　　　　　　〇△ 教師
〇△ 作曲家　　　　　　　〇△ 博物館館長　　　　　〇△ 導遊
〇△ 顧客（消費者）　　　〇△ 博物館遊客　　　　　〇△ 訓練師
〇△ 建築工人　　　　　　〇△ 鄰居　　　　　　　　〇△ 旅行社人員
〇△ 舞蹈家　　　　　　　〇△ 新聞播報員　　　　　〇△ 旅客
〇△ 設計師　　　　　　　〇△ 小說家　　　　　　　〇△ 家教
〇△ 偵探　　　　　　　　〇△ 營養學家　　　　　　〇△ 電視觀眾
〇△ 編輯　　　　　　　　〇△ 觀察員　　　　　　　〇△ 電視或電影人物
〇△ 民選的官員　　　　　〇△ 陪席小組成員　　　　〇△ 訪客
〇△ 使館人員　　　　　　〇△ 父母　　　　　　　　〇△ 網站設計者
〇△ 工程師　　　　　　　〇△ 公園巡守員　　　　　〇△ 動物園飼養員
〇△ 專家（＿＿＿＿方面）〇△ 筆友　　　　　　　　〇△ 其他：＿＿＿＿
〇△ 證人　　　　　　　　〇△ 攝影師

學習結果和實作表現

☐ 廣告　☐ 報導　☐ 錄音帶　☐ 新書介紹　☐ 小冊子　☐ 漫畫　☐ 拼貼畫　☐ 解釋　☐ 資料呈現　☐ 證明
☑ 設計　☐ 圖解　☐ 日記　☐ 背景模型　☑ 說明　☑ 展示　☐ 戲劇化　☑ 繪圖　☐ 社論　☐ 電子郵件訊息
☐ 小論文　☐ 展覽　☐ 實驗　☐ 遊戲　☐ 圖　☐ 圖表　☐ 晤談　☐ 調查　☐ 日誌　☐ 課堂活動　☐ 信件
☐ 日誌　☐ 地圖　☐ 備忘錄　☐ 模型　☐ 博物館展覽　☐ 新聞報導　☐ 繪畫　☐ 照片　☐ 計畫　☐ 詩歌
☐ 立場聲明　☐ 海報　☐ 電腦簡報　☐ 提案　☐ 饒舌歌　☐ 報告　☐ 評論　☐ 劇本　☐ 滑稽短劇
☐ 幻燈片展示　☐ 歌曲　☐ 演說　☐ 故事　☐ 測驗或考試　☐ 錄影帶　☐ 網站

範例
階段一
階段二
階段三
同儕評論
練習
作業單
詞彙

產生實作任務的想法：第三部分
科學方法

實作任務的構想 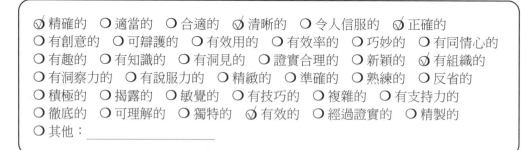 Ⓣ

> 　　請設計一項實驗來判別，四種品牌清潔劑中的哪一種，最能有效去除棉織品上的三種不同污漬。請提供書面說明及圖解，以指導缺課的學生能進行實驗程序。
> 　　你的實驗程序應該……

達到下列標準

☑ 精確的　○ 適當的　○ 合適的　☑ 清晰的　○ 令人信服的　☑ 正確的
○ 有創意的　○ 可辯護的　○ 有效用的　○ 有效率的　○ 巧妙的　○ 有同情心的
○ 有趣的　○ 有知識的　○ 有洞見的　○ 證實合理的　○ 新穎的　☑ 有組織的
○ 有洞察力的　○ 有說服力的　○ 精緻的　○ 準確的　○ 熟練的　○ 反省的
○ 積極的　○ 揭露的　○ 敏覺的　○ 有技巧的　○ 複雜的　○ 有支持力的
○ 徹底的　○ 可理解的　○ 獨特的　☑ 有效的　○ 經過證實的　○ 精製的
○ 其他：＿＿＿＿＿＿＿＿＿＿＿＿

因此

　　另一位實驗者能遵照你的程序來判別，能去除某一種污漬的最有效清潔劑。

產生實作任務的想法：第一部分

T

學生表現出理解：

當他們能夠：　　　　　　　　　　　　為什麼（或如何……）

說明
- ☐ 連結　☐ 描述　☐ 解釋
- ☐ 告訴　☐ 證明　☐ 說服
- ☐ 教學　☐ 展現　☐ 證實
➡

詮釋
- ☐ 分析　☐ 舉例說明　☐ 詮釋
- ☐ 理解……　☐ 揭露
- ☐ 陳述　☐ 展現
➡

應用
- ☐ 創造　☐ 建構　☐ 偵除錯誤
- ☐ 決定　☐ 設計　☐ 證明
- ☐ 引導　☐ 利用　☐ 實施
- ☐ 建議　☐ 解決
➡

轉換觀點
- ☐ 比較　☐ 批評　☐ 辯論
- ☐ 評鑑　☐ 轉換觀點
- ☐ 測試　☐ 考慮各種觀點
➡

同理
- ☐ 同理……　☐ 想像
- ☐ 設身處地
- ☐ 認為這有可能……
➡

自我評量
- ☐ 調整　☐ 反省　☐ 修正
- ☐ 自評　☐ 知道自己習於
➡

產生實作任務的想法：第二部分

關鍵：○＝角色、△＝對象

○△ 演員
○△ 宣傳員
○△ 藝術家（或插畫家）
○△ 作家
○△ 自傳作家
○△ 委員會成員
○△ 老闆
○△ 童子軍（女童軍）
○△ 商人
○△ 候選人
○△ 木匠
○△ 漫畫人物
○△ 漫畫家
○△ 外燴承辦者
○△ 名人
○△ 執行長
○△ 主席
○△ 主廚
○△ 編舞家
○△ 教練
○△ 社區成員
○△ 作曲家
○△ 顧客（消費者）
○△ 建築工人
○△ 舞蹈家
○△ 設計師
○△ 偵探
○△ 編輯
○△ 民選的官員
○△ 使館人員
○△ 工程師
○△ 專家（_____方面）
○△ 證人

○△ 家庭成員
○△ 農夫
○△ 電影製片人
○△ 消防員
○△ 森林巡守員
○△ 朋友
○△ 地質學家
○△ 政府官員
○△ 歷史學家
○△ 歷史人物
○△ 插畫家
○△ 實習人員
○△ 面試官
○△ 發明家
○△ 法官
○△ 陪審團
○△ 律師
○△ 圖書館使用者
○△ 文學批評者
○△ 遊說者
○△ 氣象學家
○△ 博物館館長
○△ 博物館遊客
○△ 鄰居
○△ 新聞播報員
○△ 小說家
○△ 營養學家
○△ 觀察員
○△ 陪席小組成員
○△ 父母
○△ 公園巡守員
○△ 筆友
○△ 攝影師

○△ 飛機駕駛
○△ 劇作家
○△ 詩人
○△ 警官
○△ 民意調查者
○△ 廣播收聽者
○△ 讀者
○△ 記者
○△ 研究者
○△ 評論者
○△ 水手
○△ 學校主管
○△ 科學家
○△ 船長
○△ 社會科學家
○△ 社工員
○△ 統計學家
○△ 說故事的人
○△ 學生
○△ 計程車司機
○△ 教師
○△ 導遊
○△ 訓練師
○△ 旅行社人員
○△ 旅客
○△ 家教
○△ 電視觀眾
○△ 電視或電影人物
○△ 訪客
○△ 網站設計者
○△ 動物園飼養員
○△ 其他：_____

學習結果和實作表現

□ 廣告　□ 報導　□ 錄音帶　□ 新書介紹　□ 小冊子　□ 漫畫　□ 拼貼畫　□ 解釋　□ 資料呈現　□ 證明
□ 設計　□ 圖解　□ 日記　□ 背景模型　□ 說明　□ 展示　□ 戲劇化　□ 繪圖　□ 社論　□ 電子郵件訊息
□ 小論文　□ 展覽　□ 實驗　□ 遊戲　□ 圖　□ 圖表　□ 晤談　□ 調查　□ 日誌　□ 課堂活動　□ 信件
□ 日誌　□ 地圖　□ 備忘錄　□ 模型　□ 博物館展覽　□ 新聞報導　□ 繪畫　□ 照片　□ 計畫　□ 詩歌
□ 立場聲明　□ 海報　□ 電腦簡報　□ 提案　□ 饒舌歌　□ 報告　□ 評論　□ 劇本　□ 滑稽短劇
□ 幻燈片展示　□ 歌曲　□ 演說　□ 故事　□ 測驗或考試　□ 錄影帶　□ 網站

產生實作任務的想法：第三部分

實作任務的構想　　　　　　　　　　　　　　　　　　　　　　　**T**

達到下列標準

○ 精確的　○ 適當的　○ 合適的　○ 清晰的　○ 令人信服的　○ 正確的
○ 有創意的　○ 可辯護的　○ 有效用的　○ 有效率的　○ 巧妙的　○ 有同情心的
○ 有趣的　○ 有知識的　○ 有洞見的　○ 證實合理的　○ 新穎的　○ 有組織的
○ 有洞察力的　○ 有說服力的　○ 精緻的　○ 準確的　○ 熟練的　○ 反省的
○ 積極的　○ 揭露的　○ 敏覺的　○ 有技巧的　○ 複雜的　○ 有支持力的
○ 徹底的　○ 可理解的　○ 獨特的　○ 有效的　○ 經過證實的　○ 精製的
○ 其他：＿＿＿＿＿＿＿＿＿＿

因此

範例

階段一

階段二

階段三

同儕評論

練習

作業單

詞彙

課程設計查核單：階段二

┌─────────────┐
│　**實作任務**　│━━━━━━━━━━━━━━━━━━━━━━━━　**T**
└─────────────┘

1. ＿＿＿＿＿＿在 **T** 欄的實作任務，連結到一個以上列於階段一之期望的學習結果。這項任務會對所要求的理解結果產生適當的證據。

2. ＿＿＿＿＿＿這些任務涉及以複雜的、實際的（真實的）方式，應用所要求的知識、技能、理解。

3. ＿＿＿＿＿＿這些任務以 GRASPS 的格式編寫。

4. ＿＿＿＿＿＿這些任務使學生能以某些決定、某些選擇，或者各種實作表現和學習結果來證明其理解。

5. ＿＿＿＿＿＿若沒有明確掌握這些任務應該評量的理解事項，學生在這些任務上不可能有良好表現。

6. ＿＿＿＿＿＿這些任務必須應用六層面理解能力的一種以上理解力。

7. ＿＿＿＿＿＿評分指標包括所理解事項的各個特點及成功的實作表現。

8. ＿＿＿＿＿＿考慮到階段一建議的所需證據，評分指標強調適當的學習結果。

┌─────────────┐
│　**其他證據**　│━━━━━━━━━━━━━━━━━━━━━━━━　**OE**
└─────────────┘

9. ＿＿＿＿＿＿其他的證據已經以摘要的格式找出（如：關鍵的隨堂測驗、正式測驗、學生的自我評量策略），以補充實作任務所提供的證據。

10. ＿＿＿＿＿＿學生有自我評量的機會，以反省所學和實作表現。

註：

＿＿＿

＿＿＿

＿＿＿

＿＿＿

＿＿＿

＿＿＿

＿＿＿

關於階段二的常見問題

1. 六個理解層面和布魯畝的教育目標分類法有什麼關係？

雖然兩者都可作為建構評量的依據，但其關鍵差別在於，布魯畝的教育目標分類法代表認知複雜度的層次，其最初的目的是為了分析一般的學習評量，因此，認知的六大分類被用來判別測驗項目的認知層次。

理解的六個層面則被視為六個同級的理解力指標，並進而用於建構或選擇評量任務及問題提示。這些層面永遠不可能構成層級；再者，若要選擇適當的理解層面，必須根據課程內容的特色及關於這些內容的期望理解事項。

「應用」的意義在這兩種分類法之中是相同的，但是在許多評量任務方面，「分析」、「綜合」，以及「評鑑」往往需要同時表現（例如：就像要求「說明」或「觀點」的學習結果或實作表現一樣）。

2. 為什麼要使用 GRASPS 來建構評量任務？

UbD 的基本主張之一是，理解的結果最好透過情境化的實作表現來揭露；亦即，將所學知識應用在新的情境中。僅僅如當時所學一樣地還原資訊，或者從一系列選項中選出「正確的」答案，並不能確保真正的理解。

關於以 UbD 設計評量的第二項考慮事項是，使這些評量盡量有意義、盡量真實、盡量有吸引力，以利學生能投注最大的努力。實踐這兩項主張的策略之一是提供情境化的實作任務，使學生可在其中展現其理解結果。而在協助編製這類評量任務方面，GRASPS 只是設計的工具之一。

筆者並非暗示，每項評量任務必須使用 GRASPS 來編寫，而是主張，至少 UbD 課程單元設計的某一項實作任務，是以這種真實評量的方式來編擬。當然，當有需要時，應以其他的評量證據補充以 GRASPS 編製的評量，包括採用傳統的正式測驗和隨堂測驗。

範例

階段一

階段二

階段三

同儕評論

練習

作業單

詞彙

範例

階段一

階段二

階段三

同儕評論

練習

作業單

詞彙

重理解的課程設計──專業發展實用手冊

3.如何將評分指標的分數轉換成等第的表示法？

　　由於大多數的評分及成績報告辦法依賴以等第表示成績，使用評分指標的教師會遇到將分數轉換成等第的問題。在筆者直接回答此問題之前，請考慮下列問題：什麼是等第，例如，「B」等代表什麼意義？那麼分數「3」又有什麼意義？在這兩個例子中，這些符號反映了根據某些實作表現標準產生的實作評量，例如，在單選題測驗得到「B」等，表示學生正確答對 83%的測驗題目，因為在此例中，「B」等的實作表現標準為答對率在80%到89%。至於在四級分的勸說文評分指標中得到三分，可能表示論文內容紮實但不足以為範例。由此可知，以上這兩套符號系統彼此相容卻不相同。

　　只是將所得總分除以該評分指標的滿分分數而產生等第，似乎是理所當然的事。在上一個例子中，從四級分的整體式評分指標得到三分，在大多數學區中可以轉換成 75%或「C」等的成績。同樣地，在四分量表的四特點寫作評分指標中（如：文章結構、用語、想法和說服力、寫作技巧），某生被評為總分十一分（滿分十六分），這在大多數的評分標準中，相當於得到 68.75%的表現水準或「D」等。然而就這兩個例子而言，最後的評等結果似乎低於學生應有的真實實作表現，因此，在不假思索地對照分數和等第之前，必須反思我們要分數或等第表達的是什麼。

　　在分析式評量指標方面，另一個轉換方式是根據所評量特點的相對重要性給予加權。例如，所有數學教師根據下列特點使用共同的評分指標，來評量學生的問題解決能力：計算的正確度、推理思考及策略思考、數學表示方式、溝通能力、連結的能力。數學教師們可以決定，前兩項效標各占30%，後兩項效標各占20%（或者採用對某個問題而言是最適當的任何比例），接著即可將最後加權的評分指標得分轉換成等第。這個方式對學生的回饋更為精確有用，雖然它允許以單一的等第來表示成績。

　　另一個相關的方法涉及到，根據評分指標的描述事先決定對應的等第。例如，維吉尼亞州的費爾費克斯（Fairfax）郡公立學校，依據期望

的實作表現和評分指標的描述，訂出評分的轉換表，比如在四級分的整體式評分指標，他們採用以下轉換方式：

1. 評分指標得分四分：超出期望＝從 93.5%到 100%
2. 評分指標得分三分：符合期望＝從 84%到 93%
3. 評分指標得分兩分：幾乎符合期望＝從 74%到 83%
4. 評分指標得分一分：不符合期望＝從 54%到 73%

在這個大規模學區的所有外語教師，都使用相同的評分指標及分數據換辦法。因此，這套有系統的方法造成各學校、各教學班級的評量有更大的一致性，也使對學生和家長的成績報告更有效。

不論採用哪個轉換方法，重要的是不能忽略評分的整體目的——根據既有的實作表現標準提供清晰的、一致的、公平的學生實作表現之評價。藉著描述清晰的關鍵特點和實作表現水準，建構良好的評分指標能使任何評分辦法更為可靠、更正當有理。

*如果想了解關於費爾費克斯郡公立學校及其評分轉換辦法的其他實例和資訊，請造訪 http://www.fcps.edu/DIS/OHSICS/forlang/PALS/rubrics/index.htm

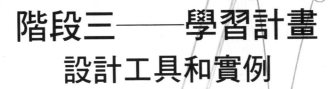

階段三──學習計畫

設計工具和實例

範例

階段一

階段二

階段三

同儕評論

練習

作業單

詞彙

逆向設計：階段三

階段三：學習計畫

教學活動：

在階段三，我們考慮能達成期望結果（階段一）所需要的教學策略和學習經驗，而這些期望結果反映在將要蒐集的評量證據之中（階段二）。設計教學活動（**L**）的目的在發展訂為目標的理解事項、發展階段一確認的知識和技能，以及使學生具備階段二所確認的學習表現。WHERETO 的頭字語摘要了在設計有效的、有吸引力的學習計畫時，需要考慮到的關鍵要素。

階段三的設計標準

在多大程度上，學習計畫是有效的、有吸引力的？請考慮：

學生將會：

W ○ 知道學習的方向（學習目標）、為什麼要學（學習課程內容的理由），以及學習的要求是什麼（單元目標、實作表現的要求、評量的效標）。

H ○ 引起興趣——專注於深究大概念（如：透過探究、研究、解決問題、實驗）。

E ○ 有適當機會探索和體驗大概念，以及接受教學以使自己具備所需的實作能力。

R ○ 有足夠機會根據即時的回饋，重新思考、練習、修正、改善他們的學習。

E ○ 有機會評鑑自己的學習，然後設定未來的目標嗎？

請思考，在多大程度上學習計畫：

T ○ 有彈性、能因材施教，以反映所有學生的興趣和學習風格。

O ○ 有組織、有順序，以使學生專注學習和學習效果能達到最大程度。

範例

階段一

階段二

階段三

同儕評論

練習

作業單

詞彙

範例

階段一

階段二

階段三

同儕評論

練習

作業單

詞彙

階段三：關鍵的設計要素

在編擬學習計畫時請考慮下列要素，並且注意階段一所確認的期望結果和階段二列出的所需證據。「重理解的教學」有不同的教學方法，而 UbD 與許多教學方法都相容。不論採用的教學方法和具體教學策略是什麼，課程設計者在做課程計畫時，都應該考慮到 WHERETO 的要素。

相對於想涵蓋的內容，考慮需要發現的知識有哪些。

使用 WHERETO 要素來設計學習活動和教學活動。

階段三

利用診斷性和形成性評量來監控及調整課程設計。

使用理解的六個層面來產生關於學習活動的新想法。

根據 WHERETO 並為了連結階段一、二，而測試所編擬的學習計畫。

WHERETO

學習計畫的考慮事項

考慮到階段一、二草擬的期望結果和評量策略，WHERETO 頭字語所摘要的關鍵要素，應該被包括在你的學習計畫中。請注意：這些要素不必以頭字語的字母順序出現。把 WHERETO 想成是編寫及評鑑最後學習計畫的查核表，例如，學習活動可能從吸引注意開始（H），接著是針對最終實作表現的教學（W），然後也許是重新思考稍早的學習經驗（R）。

範例
階段一
階段二
階段三
同儕評論
練習
作業單
詞彙

WHERETO

針對 W 的考慮問題

　　WHERETO 中的「W」問題應該從學生的觀點來考慮。透過應用逆向設計法，課程設計者應該要澄清目標及所需要的證據，以顯示在多大程度上學生已經達成這些目標。現在，我們致力幫助學生明白目標和期望的學習結果，以及達成目標的用意和益處。研究及實務經驗顯示，在學生清楚目標和期望的學習結果，而且也了解學習的目的及價值之後，他們更可能集中焦點和付出努力。

目標

1. 這個單元或科目的學習方向在哪裡？
2. 我們的學習要朝向哪些目標或標準？
3. 學生將學習的內容是什麼？
4. 哪些資源或學習經驗能幫助我們達成目標？

期望

1. 對學生的期望是什麼？
2. 哪些是關鍵的指定作業和評量？
3. 我們期望學生在哪些方面展現所學？展現理解程度？
4. 哪些效標或實作標準有利於評量？

相關和價值

1. 為什麼這些值得學習？
2. 這些知識或技能在哪些方面能幫助學生的學校生活？未來生活？

診斷

1. 學生的起點能力如何？
2. 學生將哪些先備知識、興趣，以及學習風格帶入學習中？
3. 學生可能會有哪些錯誤觀念？

WHERETO
W 要素之實例

目標

1. 在單元教學開始時，直接陳述期望的學習結果。
2. 在第一天上課時呈現單元及課程目標、課程大綱、學習進度表。
3. 在單元開始時提出及討論主要的問題。
4. 確認有哪些資源或學習經驗能幫助我們達成目標。
5. 要求學生找出個人的學習目標。

期望

1. 說明總結實作任務的要求。
2. 概述評分指標。
3. 針對期望的學習結果和實作表現，呈現模式和實例。
4. 鼓勵學生找出預先評量所用的效標。

相關和價值

1. 說明單元及課程目標的理由依據。
2. 討論學生學習之後的益處。
3. 找出課堂以外能應用這些知識和技能的對象和情境。
4. 利用「K-W-L」，使學生找出他們想學的事物。

診斷

1. 對學科內容知識實施前測。
2. 實施診斷式技能測驗。
3. 利用「K-W-L」了解學生已有（或自認具有）的知識。
4. 要學生畫出視覺組體，以顯示他們的先備知識和理解。
5. 查核學生可能有的錯誤觀念。

範例

階段一

階段二

階段三

同儕評論

練習

作業單

詞彙

wHERETO

吸引及維持學生興趣

　　有效能的教師都了解，在學生開始新的學習經驗時吸引及維持其興趣的重要性。WHERETO的「H」指引課程設計者透過設計，考慮吸引學生注意學習主題的方法，然後指明大概念、主要問題，以及實作任務的學習。請針對你的單元課程設計，使用下列表格腦力激盪想出可能的吸引事物。

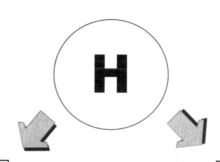

吸引	維持

你如何吸引及維持學生的興趣？

1. 怪異的事實、反常的事物、反直覺的實例＿＿＿＿＿＿＿＿＿＿＿＿＿＿＿＿＿＿

2. 引發討論的導入式問題＿＿＿＿＿＿＿＿＿＿＿＿＿＿＿＿＿＿＿＿＿＿＿＿＿＿

3. 懸疑事物＿＿＿＿＿＿＿＿＿＿＿＿＿＿＿＿＿＿＿＿＿＿＿＿＿＿＿＿＿＿＿＿

4. 挑戰＿＿＿＿＿＿＿＿＿＿＿＿＿＿＿＿＿＿＿＿＿＿＿＿＿＿＿＿＿＿＿＿＿＿

5. 問題或議題＿＿＿＿＿＿＿＿＿＿＿＿＿＿＿＿＿＿＿＿＿＿＿＿＿＿＿＿＿＿＿

6. 實驗——預測結果＿＿＿＿＿＿＿＿＿＿＿＿＿＿＿＿＿＿＿＿＿＿＿＿＿＿＿＿

7. 角色扮演或模擬＿＿＿＿＿＿＿＿＿＿＿＿＿＿＿＿＿＿＿＿＿＿＿＿＿＿＿＿＿

8. 個人經驗＿＿＿＿＿＿＿＿＿＿＿＿＿＿＿＿＿＿＿＿＿＿＿＿＿＿＿＿＿＿＿＿

9. 讓學生選擇＿＿＿＿＿＿＿＿＿＿＿＿＿＿＿＿＿＿＿＿＿＿＿＿＿＿＿＿＿＿＿

10. 情感的連結＿＿＿＿＿＿＿＿＿＿＿＿＿＿＿＿＿＿＿＿＿＿＿＿＿＿＿＿＿＿＿

11. 幽默＿＿＿＿＿＿＿＿＿＿＿＿＿＿＿＿＿＿＿＿＿＿＿＿＿＿＿＿＿＿＿＿＿＿

wh**E**reto：第一頁
使學生具備能力

WHERETO 的第一個「E」提示課程設計者考慮：(1)幫助學生探索大概念和主要問題的方法；以及(2)如何使學生具備總結實作表現所需的能力。為理解重要的概念，學生必須專注於某些能促進「意義建構」的導入式學習經驗。此外，直接教學和課堂外的活動，在使學生具備需要表現的知識和技能方面也有某種作用。請考慮應用六個理解層面來產生有效的、吸引人的學習活動。

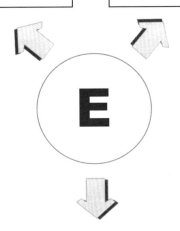

經驗式和導入式學習

哪些經驗式或導入式學習能幫助學生探索大概念和問題——
1. 達到期望的理解（階段一）？
2. 做到期望的實作表現（階段二）？

直接教學

哪些資訊或技能需要具體教給學生，以使他們具備能力——
1. 達成期望的結果（階段一）？
2. 做到期望的實作表現（階段二）？

E

回家作業及其他的課堂外學習經驗

需要哪些回家作業及其他的課堂外學習經驗來使學生——
1. 達成期望的結果（階段一）？
2. 做到期望的實作表現（階段二）？

範例
階段一
階段二
階段三
同儕評論
練習
作業單
詞彙

WH**E** RETO：第二頁
使學生具備能力

經驗式和導入式學習

實例：

1. 概念獲得
2. 研究（或「自我探索」專題）
3. 歷史研究
4. 科學實驗
5. 問題解決的學習
6. 創意的表達
7. 藝術的表達或創作
8. 議題探究
9. 建造作品的專題
10. 蘇格拉底式研討
11. 模擬

直接教學

幫助學生：

1. 比較概念和資訊
2. 找資訊（如：研究）
3. 評鑑資訊和概念
4. 產生及驗證假設
5. 表達概念
6. 管理自己的時間
7. 監控自己的理解
8. 組織資訊
9. 勸說他人
10. 檢討彼此的學習
11. 修正自己的學習
12. 使用問題解決策略
13. 自我評量
14. 摘要關鍵概念

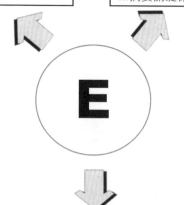

回家作業及其他的課堂外學習經驗

實例：

1. 練習技能
2. 有目的的閱讀
3. 致力於專題或實作任務的學習
4. 研究及綜合資訊（如：繪製概念圖）
5. 反省想法、程序或作品（如：寫日誌）
6. 修正學習

使學生具備實作能力
歷史人物角色扮演

考慮到你的整個目標（階段一）和（在階段二）提出的評量策略，使學生具備有效的實作能力，需要哪些知識和技能？

實作任務或其他證據

> 設定某個歷史人物的角色，然後扮演其參與辯論某個當前問題的情形。

為順利扮演，學生必須知道：

然後

需要提供哪些教學活動及學習經驗，以使學生能有成功的實作表現？

辯論的規則

辯論的程序

以及能夠

簡潔陳述立場

使用反駁的技巧

1. 概述辯論的規則

2. 播放辯論專家的錄影帶，以舉例說明辯論的程序及有效的策略

3. 教導反駁的技巧

使學生具備實作能力

實作任務或其他證據

為順利扮演，學生必須知道：

然後

需要提供哪些教學活動及學習經驗，以使學生能有成功的實作表現？

以及能夠

範例

階段一

階段二

階段三

同儕評論

練習

作業單

詞彙

重理解的課程設計──專業發展實用手冊

WHERETO
針對 R 的考慮問題

　　WHERETO 的「R」提醒我們，建構及深化理解是重新思考和反省的結果，因此，我們應該透過課程設計提供這類學習機會。在設計教學活動和學習經驗時，請思考下列問題，以引發學生的重新思考和反省（如：深究大概念），並使其根據回饋來改進及修正學習。請考慮利用六個理解層面，來產生要求學生重新思考的學習活動。

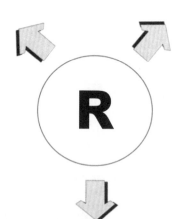

重新思考

1. 我們要學生重新思考哪些大概念？
2. 你的課程設計如何挑戰學生重新思考重要的概念？

修正或改進

1. 哪些技能需要重複練習？
2. 學生的學習結果和實作表現會如何改進？

反省

1. 你如何鼓勵學生反省──
   (1)其學習和想法？
   (2)其所理解知識的轉變過程？
   (3)其所使用的策略？
2. 你如何設計課程以幫助學生更有後設認知能力？

WHE**R**ETO
R 要素之實例

重新思考

要學生做下列活動，以幫助他們重新思考：

1. 觀點轉換
2. 思考關鍵的假定
3. 正視其他的想法
4. 扮演……的角色
5. 唱反調
6. 重新檢視論點和證據
7. 進行研究
8. 考慮新的資訊
9. 重新思考簡單的想法……
10. 爭論和辯論
11. 正視驚奇或異常之事

修正或改進

透過下列活動，提供學生修正及改進學習的機會：

1. 摘要及編輯
2. 同儕評論
3. 複誦
4. 同儕回應小組
5. 練習
6. 自我評量

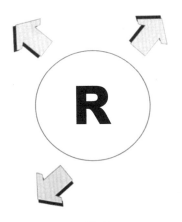

反省

鼓勵學生透過下列活動來反省：

1. 反省日記和思考日誌
2. 定期自我評量
3. 後設認知的問題提示
4. 放聲思考
5. 「自我探索」報告

範例

階段一

階段二

階段三

同儕評論

練習

作業單

詞彙

重理解的課程設計——專業發展實用手冊

WHER**E**TO
鼓勵自我評鑑——E 要素

　　階段二的逆向設計法具體指出，階段一列出的期望結果所需要的評量證據。WHERETO 的第二個「E」要求課程設計者，提供包括學生自我評鑑在內的持續評量機會。在引導學生自我評鑑和反省方面，下列問題可作為提示（請注意：這項步驟和 WHERETO 的「R」步驟連結）。

E

1. 關於＿＿＿＿＿＿＿＿＿＿＿＿＿＿＿＿＿＿＿，你的實際理解是什麼？
2. 關於＿＿＿＿＿＿＿＿＿＿＿＿＿＿＿＿，你還有哪些問題或不確定之事？
3. 在＿＿＿＿＿＿＿＿＿＿＿＿＿＿方面，哪些是最有效的？
4. 在＿＿＿＿＿＿＿＿＿＿＿＿＿＿方面，哪些是最無效的？
5. 你如何改進＿＿＿＿＿＿＿＿＿＿＿＿＿＿＿＿？
6. 在＿＿＿＿＿＿＿＿＿＿＿＿＿＿方面，你的優點是什麼？
7. 在＿＿＿＿＿＿＿＿＿＿＿＿＿＿方面，你有哪些不足之處？
8. 對你而言，＿＿＿＿＿＿＿＿＿＿＿＿＿有多困難？
9. 你偏好的學習風格如何影響你＿＿＿＿＿＿＿＿＿？
10. 下一次，你會有哪些不同的做法？＿＿＿＿＿＿＿＿
11. 哪些是你最感到驕傲的事？為什麼？＿＿＿＿＿＿
12. 哪些是你覺得最失望的事？為什麼？＿＿＿＿＿＿
13. 你認為自己應該得到怎樣的等第或評分？為什麼？＿＿＿
14. 你剛學到的知識如何連接到其他的學習？＿＿＿＿＿
15. 你剛學到的知識如何改變你的想法？＿＿＿＿＿＿
16. 你剛學到的知識和現在、和未來有什麼關聯？＿＿＿
17. 哪些後續的學習是必要的？＿＿＿＿＿＿＿＿＿＿
18. 其他：＿＿＿＿＿＿＿＿＿＿＿＿＿＿＿＿＿＿＿
＿＿＿＿＿＿＿＿＿＿＿＿＿＿＿＿＿＿＿＿＿＿＿
＿＿＿＿＿＿＿＿＿＿＿＿＿＿＿＿＿＿＿＿＿＿＿

WHERE**T**O
為各種學習者修正課程設計

WHERETO 的「T」是指因人修正課程設計，以適應學生在背景知識、經驗、技能程度、興趣、才能，以及學習風格上的差異。課程設計者要考慮課堂教學、學習活動、教學資源，以及評量策略如何個人化，而不至於犧牲課程目標或標準。對學科知識、學習過程，以及學習結果的適當分化，可以適應學習者的差異。

學科知識

1. 在單元教學開始時，先評量學生的先備知識和技能，然後設計因材施教的學習活動，以適應不同的知識和技能程度。
2. 提供學生開放式的問題、活動、指定作業、評量，以使學生做出不同的但一樣有效的回答。
3. 採用各種形式（如：以口頭、視覺或書面的方式呈現資訊）。
4. 應用各種不同的教學資源（如：不同程度的多元閱讀教材），來幫助學生理解困難的概念。

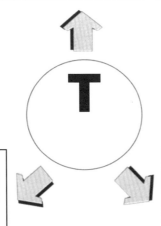

過程

1. 提供學生個別學習和小組學習的機會，以適應學生的不同學習風格。
2. 鼓勵學生，針對深度探索關鍵概念或問題來建構自己的研究問題。

結果

1. 允許學生為學習活動和指定作業選擇學習結果（如：視覺的、書面的、口頭的）。
2. 在不犧牲課程目標或標準的情況下，透過各種學習結果和實作表現，給予學生證明其理解的機會。

WHERETO
組織學習活動

　　WHERETO 的「O」與課程設計中的組織和順序有關。在編寫學習計畫時，課程設計者必須考慮以下問題：學習活動應該如何組織，以使學生達成期望的結果？考慮到期望的結果，哪些順序能提供最有吸引力、最有效的學習？學習活動如何以合理的進度展開，以利新的教學和活動對學生而言看來適當而不武斷、意義也不空泛？筆者將兩大類課程組織模式敘述如下：

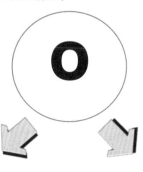

以直接教授方式涵蓋的資訊，哪些最適當有效？

以歸納式、經驗式、探究導向式「發現」的知識，哪些最適當有效？

「按內容」教學的邏輯

1. 以邏輯的、步驟化的方式呈現資訊（教師如同導遊）。
2. 遵循教科書的內容順序。
3. 從事實及基本技能進到更上層的概念和程序。
4. 學生面對由既有目標決定的廣泛教材。
5. 有選擇性地應用實作及其他經驗式學習活動，因為這些活動花費相當多的時間。
6. 在要求學生應用所學之前，先教導及測驗個別的知識。

「跨內容」教學的邏輯

1. 把課程單元想成是展開的故事或問題，而不是導覽的旅程或百科全書條文。
2. 以吸引人的事物開始教學，然後進行必要的教學。在應用之前，不會一開始就灌輸大量資訊。
3. 使教學順序更令人驚喜、更不易預測。
4. 確保單元有「示範－練習－回饋－調整」等固有的持續循環。
5. 聚焦在可遷移的大概念上。
6. 在整個和部分之間來回轉移，而非先教完所有片段的、無情境設定的資訊（想想運動、藝術、職業技術的專題學習）。

WHERETO——學習活動排序

營養

　　什麼樣的教學活動經驗會使學生對投入學習、對發展，以及對表現期望的學習結果做好準備？使用下列清單列出關鍵的教學活動順序，並在每一則敘述加上適當的「WHERETO」組成字母。

---

1. 以起點問題開始（你吃的食物會引起粉刺嗎？），以吸引學生考慮營養對其生活之影響。　**H**　**L**
2. 介紹主要問題，然後討論本單元最終的實作任務（「吃下去」和「飲食行動計畫」）。　**W**
3. 注意：透過不同的學習活動和實作任務，介紹必要的關鍵詞彙術語。學生從健康教育教科書閱讀及討論相關的選文，以進行學習活動及任務。學生為後來的檢討和評鑑撰寫每日飲食紀錄表，以作為持續的學習活動。　**E**
4. 呈現以食物分類為所學概念的單課教學，然後要學生練習食物的分類圖。　**E**
5. 介紹食物金字塔並具體說明各大類食物的內容。學生分小組學習設計食物金字塔海報，其內容包括各大類食物的單張圖解。將海報展示在教室或走廊上。　**E**
6. 進行食物分類和食物金字塔的隨堂測驗（配對題形式）。　**E**
7. 復習及討論來自 USDA 的營養小冊子。討論問題：人人都必須遵循相同的飲食才能保持健康嗎？　**R**
8. 學生以合作小組的學習方式，分析一個虛構家庭的飲食（蓄意營養不均衡），然後對改善其營養提出建議。教師在學生學習時觀察其討論並予指導。　**E-2**
9. 要各組學生分享飲食分析的結果，並進行全班的討論。　**E、E-2**
　（注意：教師應蒐集及評論學生的飲食分析報告，以找出需要以教學補正的錯誤概念。）
10. 每個學生設計一份有圖解的營養小冊子，以教導幼童了解營養對健康生活的重要性，以及與不當飲食有關的問題。這項活動要在課外時間完成。　**E、T**
11. 每個學生與同組同學交換小冊子，以根據列出的標準進行同儕評量。允許學生根據回饋做修正。　**R、E-2**
12. 播放「營養與你」的錄影帶並進行討論，討論與不當飲食有關的健康問題。　**E**
13. 學生聆聽客座演講人（來自地方醫院的營養師）對於營養不良導致的健康問題之演講，並提出發問。　**E**
14. 學生回答下列書面的問題提示：描述可能是由於營養不良所引起的健康問題，然後說明怎樣改變飲食以避免這些問題（教師蒐集學生的答案並予評分）。　**E-2**
15. 教師示範如何解讀食物標示上的營養價值資訊，然後要學生使用捐出的食物包裝盒、罐頭、瓶子等（空的！）作練習。　**E**
16. 學生獨自學習設計三天份的宿營菜單。對宿營菜單的專題學習進行評鑑及回饋——學生使用評分指標對其專題作品自我評量和同儕評量。　**E-2、T**
17. 在單元課程的總結階段，學生檢討其所做的完整飲食紀錄表，然後自評飲食符合健康的程度。提醒學生注意是否標記出改變？標記出改善情形？他們是否注意到自己在感覺和外表上的改變？　**E-2**
18. 要學生為健康的飲食發展個人的「飲食行動計畫」，這些計畫會被保存，然後在學生參與的親師會上展示。　**E-2、T**
19. 學生對自己個人的飲食習慣做自評，以總結本單元的課程。要每個學生為他們的健康飲食目標發展個人的行動計畫。　**E-2、T**

範例　階段一　階段二　階段三　同儕評論　練習　作業單　詞彙

WHERETO──學習活動排序

什麼樣的教學活動經驗會使學生對投入學習、對發展，以及對表現期望的學習結果做好準備？使用下列清單列出關鍵的教學活動順序，並在每一則敘述加上適當的「WHERETO」組成字母。

Ⓛ

WHERETO——學習活動排序

營養

什麼樣的教學活動經驗會使學生對投入學習、對發展，以及對表現期望的學習結果做好準備？下列行事曆可被用來編排單元教學活動順序，請在每日教學活動的小方格中加入適當的「WHERETO」組成字母。

	週一	週二	週三	週四	週五
第一週	**1** [HW] 以討論飲食習慣和「粉刺」來吸引學生興趣。	**2** [E] 介紹主要概念和主要詞彙。	**3** [ET] 要學生開始記下每天吃的食物，以記錄日常飲食習慣。	**4** [ET] 進行食物分類的概念遊戲得教學，然後練習將食物歸類。	**5** [ET] 要學生閱讀及討論來自 USDA 的營養小冊子。
第二週	**6** [E] 進行食物金字塔的教學，然後辨認各大類的食物。	**7** [R] 要學生閱讀及討論健康教科書有相關選文，對閱讀能力較低的學生提供圖解小冊子。	**8** [E] 播放及討論「營養與你」的錄影帶。要學生設計有圖解的營養小冊子，以教導幼童良好營養對健康生活的重要性。	**9** [ET] 要學生就不良的飲食造成的健康問題進行研究，提供學生選擇如何分享研究發現的方式。	**10** [E] 評量小冊子並給予回饋。讓學生使用列出的效標，對小冊子進行自我評量和同儕評量。
第三週	**11** [E] 要學生分成合作學習小組，然後分析某個虛擬家庭的飲食，並就改善營養做出建議。	**12** [E] 對於飲食分析進行分組檢討並給予回饋。允許各組修正。	**13** [E] 要學生聆聽客座演講人（來自地方醫院的營養師）對於營養不良導致的健康問題之演講，並提出發問。	**14** [ET] 要學生檢討飲食日記，以找出自己的飲食習慣有無改變。要每一個學生都設定一個改善其營養的個人目標。	**15** [ET] 示範如何解讀食物標示上的營養價值資訊，然後要學生練習解讀食物標示。
第四週	**16** [E] 瀏覽宿營菜單，設計評分指標的評分標準，以利評分，解釋評分標準，然後要學生獨自學習以設計三天份的宿營菜單。	**17** [E] 當學生設計菜單時，觀察及指導學生。	**18** [E] 獲宿營菜單的專題學習進行評量及給予回饋。要學生使用評分指標對其菜單進行自評和同儕評量。	**19** [ET] 要學生檢討飲食日記，以找出自己的飲食習慣有無改變。一個學生都設定一個改善營養的個人目標。	**20** [ET] 以學生對其習價的自我評鑑結束本單元。要每一個學生為健康飲食的目標擬訂個人行動計畫。

範例　階段一　階段二　階段三　同儕評論　練習　作業單　詞彙

範例

階段一

階段二

階段三

同儕評論

練習

作業單

詞彙

WHERETO──學習活動排序

什麼樣的教學活動經驗會使學生對投入學習、對發展，以及對表現期望的學習結果做好準備？下列行事曆可被用來編排單元教學活動順序，請在每日教學活動的小方格中加入適當的「WHERETO」組成字母。

週一	週二	週三	週四	週五
1	2	3	4	5
6	7	8	9	10
11	12	13	14	15

© 2004 ASCD® 版權所有

腦力激盪構思學習活動
利用六個理解層面

統計學

利用六個理解層面產生可能的學習活動，以利吸引學生注意、使其投注於學習、具備期望的實作表現，以及重新思考稍早習得的概念。

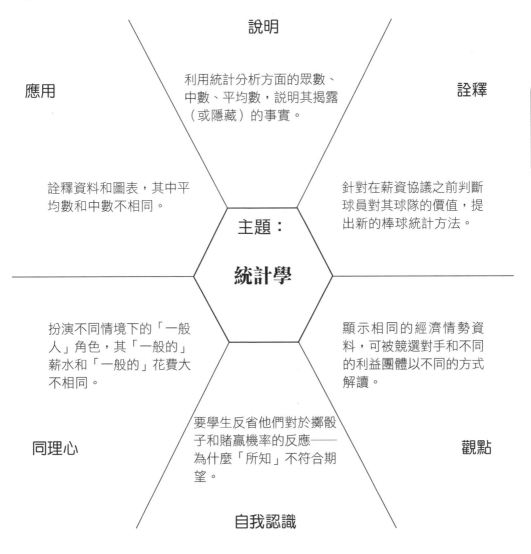

說明

利用統計分析方面的眾數、中數、平均數，說明其揭露（或隱藏）的事實。

應用

詮釋資料和圖表，其中平均數和中數不相同。

詮釋

針對在薪資協議之前判斷球員對其球隊的價值，提出新的棒球統計方法。

主題：

統計學

同理心

扮演不同情境下的「一般人」角色，其「一般的」薪水和「一般的」花費大不相同。

觀點

顯示相同的經濟情勢資料，可被競選對手和不同的利益團體以不同的方式解讀。

自我認識

要學生反省他們對於擲骰子和賭贏機率的反應——為什麼「所知」不符合期望。

範例

階段一

階段二

階段三

同儕評論

練習

作業單

詞彙

重理解的課程設計——專業發展實用手冊

腦力激盪構思學習活動
利用六個理解層面

營養

　利用六個理解層面產生可能的學習活動，以利吸引學生注意、使其投注於學習、具備期望的實作表現，以及重新思考稍早習得的概念。

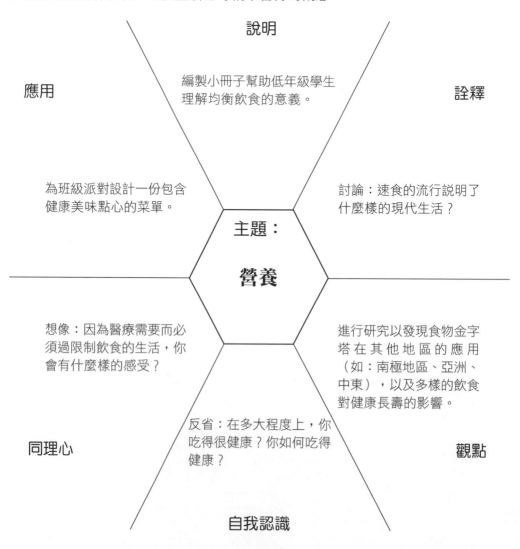

說明

應用

詮釋

編製小冊子幫助低年級學生理解均衡飲食的意義。

為班級派對設計一份包含健康美味點心的菜單。

討論：速食的流行說明了什麼樣的現代生活？

主題：

營養

想像：因為醫療需要而必須過限制飲食的生活，你會有什麼樣的感受？

進行研究以發現食物金字塔在其他地區的應用（如：南極地區、亞洲、中東），以及多樣的飲食對健康長壽的影響。

反省：在多大程度上，你吃得很健康？你如何吃得健康？

同理心

觀點

自我認識

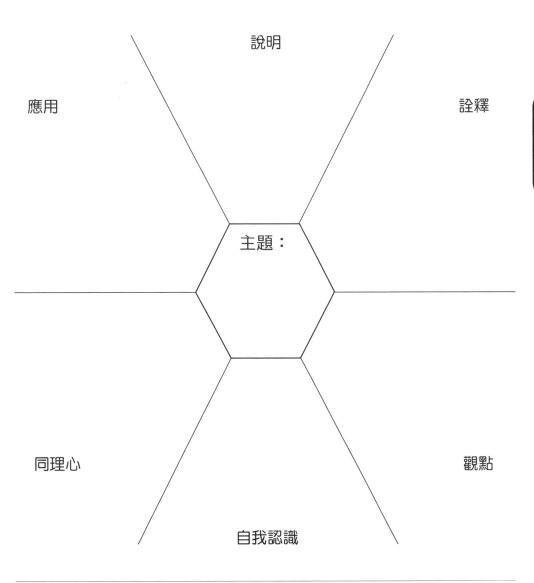

腦力激盪構思學習活動
利用六個理解層面

利用六個理解層面產生可能的學習活動，以利吸引學生注意、使其投注於學習、具備期望的實作表現，以及重新思考稍早習得的概念。

說明

應用

詮釋

主題：

同理心

觀點

自我認識

範例

階段一

階段二

階段三

同儕評論

練習

作業單

詞彙

三種類別的課堂評量

階段三
學習的評量

診斷性：

在教學之前實施的評量，目的在查核學生的先備知識，找出其錯誤觀念、興趣，以及找出其偏好的學習風格。

診斷性評量提供的資訊，能幫助教師設計和實施因材施教的活動。

實例：前測、學生調查、技能查核、K-W-L。

形成性：

持續的評量提供資訊以指引教學，進而改進學生的學習和實作表現。

形成性評量包括正式的和非正式的評量方法。

實例：隨堂測驗、口頭提問、觀察、草稿作品、「放聲思考」、服裝展示排演、學習檔案評閱。

階段二
學習的評量

總結性：

總結的評量在單元、課程或學期結束時進行，以根據確認的成就目標判斷學生熟練或精熟的程度。

總結評量是評價式的評量，通常會產生分數或等級。

實例：正式測驗、實作任務、期末考、總結的專題或實作、作品檔案。

你的課程設計想法

理解的非正式查核

下列技術對於學生的理解和錯誤觀念，提供有效率的診斷和形成性查核。

㈠手勢

要學生做出指定的手勢，以表達對於指定的概念、原理或程序之理解：

1. 我已經理解＿＿＿＿＿＿而且能說明（如：豎起大拇指）。
2. 我還沒有理解＿＿＿＿＿（如：大拇指向下）。
3. 對於＿＿＿＿＿，我無法完全確知（如：揮揮手）。

㈡索引卡記摘要和問題

經常發給學生索引卡，然後要學生完成下列活動：

1. 上頁——根據我們對（單元主題）的學習，以摘要的格式列出你所理解的大概念。
2. 下頁——關於（單元主題），（以直述句式問句）列出你尚未完全理解的某些概念。

㈢畫出所想

要學生繪製一張圖表組體或圖畫，以呈現關鍵概念及其之間的關係。鼓勵學生盡量少用字詞或標題，然後要他們說明所畫出的圖解。

㈣類比提示

經常以類比提示對學生呈現概念：

（指定的概念、原理或程序）就像是＿＿＿＿＿，因為＿＿＿＿＿。

㈤網絡圖或概念圖

要學生創作網絡圖或概念圖，以顯示某個主題或程序的要素或成分。關於揭露學生對概念要素之間關係的理解程度，這項技術尤其有效。

㈥一分鐘小論文

定期要學生完成簡短的小論文，其內容摘要對於特定主題的自認理解結果。

㈦錯誤觀念查核

對學生呈現關於某個指定主題、原理或程序之常見的或可預期的錯誤觀念，要他們表示贊成與否，然後解釋自己的答案（錯誤觀念查核也可以採用單選題或是非題的隨堂測驗方式）。

評量及澄清錯誤觀念

　　研究和實務經驗顯示，學生常常對在校所學的概念和程序有錯誤觀念，尤其對於抽象的、反直覺的概念。如果這些錯誤觀念未能被確認、被具體澄清，將會持續存在並且干擾學生的理解和表現。請利用下列表格找出可能的錯誤觀念或可預測到的技能問題，然後設計適當的診斷查核表及教學改進策略。

階段一	階段三	
找出可預測到的錯誤理解或實作上的錯誤。	編製診斷式、形成式評量工具來查核這些錯誤。	然後，設計需要的教學活動來澄清這些錯誤。
實例： 1. 可預測到的錯誤理解，其根據是大概念反直覺的或難解的特性。 2. 常見的實作表現錯誤，產生自對技能如何起作用或如何用於情境中的誤解。	實例： 1. 前測 2. K-W-L 3. 「不計分」的隨堂測驗 4. 診斷性技能測驗 5. 學生自繪概念圖 6. 其他：＿＿＿＿＿	實例： 1. 直接教學 2. 概念獲得 3. 教師示範或「放聲思考」 4. 技能示範 5. 有回饋的引導式練習 6. 獨立練習時間 7. 其他：＿＿＿＿＿
你的課程設計想法		

澄清錯誤觀念：學習的評量

階段一	階段三	
找出可預測到的錯誤理解或實作上的錯誤。	編製診斷式、形成式評量工具來查核這些錯誤。	然後，設計需要的教學活動來澄清這些錯誤。
可能的錯誤理解： 許多物理系的學生認為，向上拋的物體會受到多重的作用力。例如，必然有某個作用力能說明物體上升而不是落下的現象（真正的答案是反直覺的概念）。	☑ 前測 ☑「不計分」的隨堂測驗 使用「力學概念量表」（單選題）作為不計分的前、後測工具。同時，要求學生對於四題地心引力問題的答案寫出簡短的解釋。	☑ 直接教學 ☑ 概念獲得 利用教師示範和非正式的學生實驗來顯示，方向改變或速度改變並非受到重力以外任何作用力的影響。
可能的實作表現錯誤： 學習蝶式划水的游泳者，在划水的撥水步驟時會在水面下將手臂伸直。其結果導致產生水波的明顯上下游動，並且耗費游泳者的力氣。	☑ 診斷性技能測驗 觀察游泳者的蝶式划水，並特別注意水面下的撥水動作。仔細觀察直臂式的撥水動作。	☑ 技能示範 ☑ 有回饋的引導式練習 先在陸上、後在水中，一併示範正確的和錯誤的划水技巧（如：「沙漏式」撥水）。要游泳者在陸上、在水中練習正確動作，並視需要提供回饋。
你的課程設計想法		
可能的錯誤理解或實作上的錯誤		

範例 階段一 階段二 階段三 同儕評論 練習 作業單 詞彙

重理解的課程設計──專業發展實用手冊

課程設計的邏輯對教學順序

課程設計順序	教學活動順序
階段一──以期望的結果開始：	**教學開始時**
1.學科學習標準	1.介紹主題、期望結果、學習的理由、主要問題，以及實作表現的要求
2.大概念和理解事項	2.「吸引」學習者
3.主要問題	3.針對下列使用診斷性評量
4.知識和技能	(1)先備知識和技能的程度
	(2)錯誤觀念
階段二──確認評量的證據：	
1.理解的層面	**在單元中間，提供**
2.實作評量和效標	1.能刺激學生「發現」關鍵概念的問題、議題、難題
(1)真實的任務和評分指標	2.提供學生能具備終極實作能力的經驗
(2)提示問題和評分指標	3.直接教學（視需要）
3.其他證據和查核表	4.持續的形成性評量
4.學生的自我評鑑	5.給予學生重新思考和重溫概念的機會
階段三──發展學習計畫：	
1.關鍵的教學活動	**在教學結束前，包括**
(1) WHERETO 要素	1.總結式（終點的）評量
(2)教學順序	2.學生的自我評量和反省
2.學習的教材和資源	

課程設計查核表──階段三

1. _____ 學習計畫能向學生清楚說明，他們將要學習的概念、期望他們達到的結果（如：學生的實作目標），以及如何評量他們的學習。Ⓦ

2. _____ 在教學開始時使用診斷性評量，以查核可能的錯誤理解和可預測到的實作（技能）錯誤。Ⓦ

3. _____ 學習計畫內容明確，能特別強調前幾節課的教學活動，以吸引學生。Ⓗ

4. _____ 學習計畫旨在使學生具備理解大概念所需要的先備經驗，以及達成理解和實作表現所需要的資訊和技能。Ⓔ

5. _____ 提供學生重新思考之前的和目前的理解之機會，並且能根據教師的回饋與指導溫習所學。Ⓡ

6. _____ 對個人和小組的持續評量，有提供學生回饋和指導。Ⓔ

7. _____ 學習活動個人化，以利透過分化的教學內容、教學過程，以及教學結果，適應學生的不同興趣、不同風格、不同能力。Ⓣ

8. _____ 組織學習活動的順序，以使學生的專注和學習結果達到最大程度。Ⓞ

註：

_____
_____
_____
_____
_____
_____
_____
_____
_____
_____
_____
_____

範例　階段一　階段二　階段三　同儕評論　練習　作業單　詞彙

關於階段三的常見問題

1. 個別的單課教學計畫如何適用逆向設計法？

　　個別單課教學計畫的編寫是在階段三，雖然筆者不期望每一節課都涵蓋階段一所確認的主要問題，也不期望各節課都要求學生做階段二的實作任務，但是我們（及學生）應該明確了解，特定的單課教學和更大的課程目標及評量之關係。

2. 這幾年來，我們的學區推動了各種教學模式的教師發展活動，包括學習層面（Dimensions of Learning）、全課程的寫作、合作學習、五E的科學教學等。這些教學方法和 UbD 相容嗎？

　　相容。這些都是經過證實的教學模式，而且和 UbD 相容。UbD 強調在階段一設定明確的課程內容優先項目（如：哪些是值得理解的重要概念？哪些個別的知識和技能是必要的？），以及在階段二設計適當的評量策略（如：哪些學習的證據是必要的？如何知道學生真的理解？）。

　　UbD 並未在階段三具體指定任何特定教學方法。筆者認為，針對理解的教學有各種不同方法。特定教學方法的選擇會受到變項互動之影響，例如課程內容、學生的年級及經驗、教師的教學風格，以及各種成就測驗的結果。從逆向設計的觀點而言，關鍵問題在於：教學方法或模式適合幫助學生達到期望的結果嗎？這會導致對重要概念的更專注、更有效學習嗎？

3. 我曾經很辛苦地應用過 UbD，但只設計了一個單元而已。我如何能以這種方式設計所有的教學內容？

　　無可否認，UbD 是一套複雜的、要求很多的系統方法（雖然我們認為這類計畫會造成更有效、更專注的教學和學習）。然而，主張應以這種方式來做所有教學內容的事先設計，會是很嚇人的想法。

　　筆者建議，可透過烹飪的類比思考這項挑戰：UbD 之於課程單元設

計，就像是美食大餐之於日常三餐。即使那些喜愛烹飪的人，通常也不會每天晚上都設計美食大餐，因為其要求太多。同樣地，試圖將UbD同時應用到每件事是不切實際的。然而請想像，在某個學校或某個學區（或某州）的每一位教師都有機會，每年應用UbD（理想上和一兩位同事）設計一個「美食大餐式單元」。當他們更熟悉設計的過程之後（會更加容易！），就會被鼓勵明年設計兩個單元。接著請想像，每一位教師都透過ubdexchange.org網站分享他們的大餐式單元，以利其他人可以取得他們設計的教案。以這種更聰明的方式應用 UbD，針對所教的單元，每一位教師都能取得數十個大餐式單元。

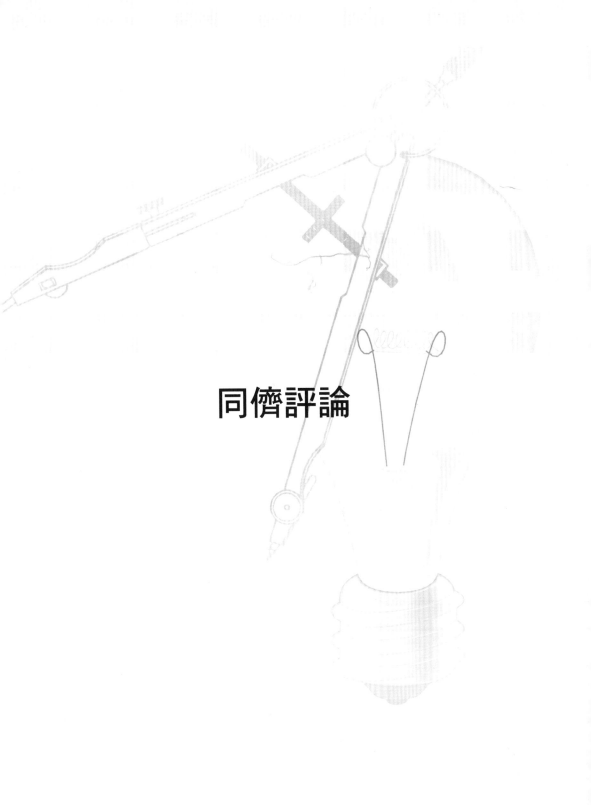

同儕評論

UbD 的設計標準

階段一：課程設計以目標內容的大概念為焦點，達到何種程度？

請考慮：是否……

1. 以能遷移的、屬於學科核心的大概念，作為目標的理解事項，而這些事項具持久性並且需要跨內容的教學？
2. 訂為目標的理解是由問題架構而成，這些問題能引發有意義的連結、引起真實的探究和深度思考，以及促進學習遷移？
3. 主要問題能引發思考、可辯論，以及可能圍繞中心概念產生探究（而不是產生「部分的」答案）？
4. 已確認適當的目標（如：學科學習標準、學習表現基準、課程目標）？
5. 已確認有效的、單元相關的知識和技能？

階段二：學習評量對於期望的學習結果提供公正的、有效的、可靠的、足夠的評量方法，達到什麼程度？

請考慮：是否……

1. 要求學生透過真實實作任務，表現其理解的結果？
2. 使用適當的標準本位評分工具來評量學生的作品和實作表現？
3. 使用各種適當的評量方式來產生其他的學習結果證據？
4. 使用評量作為師生的回饋和教學評鑑的回饋？
5. 鼓勵學生自我評量？

階段三：學習計畫有效能，以及使學生專注學習的程度為何？

請考慮：學生將……

1. 知道自己的方向（學習目標）、知道教材為什麼重要（知道學習課程內容的理由），以及知道教師對他們的要求是什麼（單元目標、學習表現的要求、評鑑標準）？
2. 被教學所吸引——專注於鑽研大概念（如：透過探究、研究、問題解決、實驗）？
3. 有適當機會探索及體驗大概念，並接受教學，使自己對被要求的學習表現做好準備？
4. 有足夠的機會根據即時的回饋，重新思考、演練，以及修正其學習？
5. 有機會評量自己的學習、反省自己的學習，然後設定目標？

請考慮：教學計畫是否……

1. 在處理所有學生的興趣和學習風格方面，能因材施教、有彈性？
2. 組織有序，以使學生的專心學習和教學效能達到最大？

整體設計——就所有三個階段的連結而言，整個單元的連貫性達到什麼程度？

範例

階段一

階段二

階段三

同儕評論

練習

作業單

詞彙

根據設計標準做同儕評論

　　教師專業領域，極少要求教師設計的單元及評量必須達到這個層級的評論。雖然如此，筆者發現，由課程標準引導的、有結構的同儕評論，會對教師及其課程設計產生莫大的助益。

　　同儕評論的基本目的是提供課程設計者回饋，以幫助他們改進課程設計。然而，回饋有延伸的價值，參與同儕評論的教師對於和同事討論課程及評量設計的機會，常常就其價值表達意見。我們認為這類會議對於專業發展提供了有效方式，因為其對話討論聚焦在教學和學習的核心：在這個單元中哪些是值得理解的知識？哪些可作為學生真正理解和能夠應用教師所教知識之證據？教師必須教導學生哪些知識和技能，以使他們以有意義的方式達到理解、應用理解？

同儕評論的過程

　　請以瀏覽及討論設計標準開始，以確保所有參與者理解單元設計的效標？

步驟一——由課程設計者概述整個單元

1. 課程設計者簡述這個單元，並提出他（她）希望在回饋時間被強調到的任何問題。
2. 評論者只針對基本的事實問題和情境脈絡問題發問，以更了解這個單元（如：一學年中何時教到這個單元，這個單元接在哪個單元之後？）。
3. 課程設計者離開評論小組。

步驟二——不需課程設計者報告的單元設計教案瀏覽

4. 分派評論小組的角色（記時員、主持人、對課程設計者的報告人）。主持人的主要任務是掌握時間，以及溫和但堅定地確保課程設計者在報告評論結果時能注意傾聽（而非辯護）。
5. 評論人安靜地閱讀單元教案和瀏覽教材資料（設計範例、評分指標、講義）。
6. 每位評論人安靜地先評出此單元教案的優點，然後評出缺點（連結到特定的設計效標）。
7. 每位評論人填寫「個別評論表」，以利在整個小組討論該單元教案之前，先摘要課程設計的優缺點。

> **個別評論**
>
> 時間：＿＿＿分鐘

根據設計標準做同儕評論（續）

步驟三——同儕小組討論個別的評論

> **小組評論**
>
> 時間：＿＿＿分鐘

8. 評論小組（就課程設計標準）討論他們對於教案優缺點的個別反應。
9. 評論小組考慮課程設計者提出的強調問題。
10. 評論小組就擬定提供的主要回饋和指導，形成共識。

步驟四——同儕小組討論如何建構及報告回饋和指導

11. 記錄員填寫「小組評論表」，以摘要小組的主要回饋和指導事項。
12. 評論小組選出發言人，以便向課程設計者口頭摘述評論的結果。同時，也對於和課程設計者分享不同意見預做準備。

步驟五——同儕小組與課程設計者一起討論評論的結果

> **與設計者一起討論**
>
> 時間：＿＿＿分鐘

13. 課程設計者的角色基本上是傾聽者——做筆記、對評論者提出要求其澄清的問題、對可能的修訂版本說出自己的想法。
14. 課程設計者可以視要求回答澄清的問題，但是避免辯護設計的用意、歷史或理由。教案必須盡量照原樣來評論。
15. 在提出回饋和指導之後，可以概括討論設計的問題或由評論引起的問題（請注意同儕評論結束之後，為簡報討論結果而提出的一般課程設計問題、議題或兩難困境）。

範例

階段一

階段二

階段三

同儕評論

練習

作業單

詞彙

範例

階段一

階段二

階段三

同儕評論

練習

作業單

詞彙

重理解的課程設計──專業發展實用手冊

有效的同儕評論之訣竅

1. 對課程設計者，評論人應該做個友善、誠實的顧問（諍友）。課程設計者的課程目標是評論的基礎，因為評論的目的在改進其課程設計的想法，而不是以評論人的教學優先項目、風格，或者最偏好的活動取而代之。

2. 在第二場會議中，課程設計者的任務基本上是傾聽，而不是解釋、辯護，或者辯解課程設計的決定。

3. 評論人的任務有兩方面：(1)給予有用的回饋（如：教學效果符合課程設計的目的嗎？）；以及(2)提供有用的回饋（如：課程目的和實施結果之間的落差可以消除嗎？考慮到課程的目的，課程設計應該如何改進？）。

4. 課程設計者通常會假定，其教案設計比課程本身更明確。請想像你自己是一位天真無知的學生，然後自問：你知道該做哪些學習活動嗎？這個單元的流程是否很明顯？你知道自己會被如何評量嗎？學習的目的是否很清楚？

5. 當課程設計者覺得其教案設計為同儕小組所理解，並且被後續的批評討論所改善（或證實合理）時，同儕評論會議就成功了。

6. 提出回饋時，總是先從那些最符合課程設計標準（如：優點）的教案設計部分開始，並且仔細說明教案如符合標準、在哪些部分符合標準。

7. 評論人參考課程設計標準來提出回饋，這些回饋清楚說明評論的根據是，教案在課程目標、評量，以及學習計畫方面符合（或不符合）這些標準。以問句或條件句的方式表達回饋會比較適當，例如：「根據設定的課程目標，我們對評量任務的效度有點懷疑。」或者：「如果你的目標是批判思考，那麼評量策略要求的似乎不只是回想。」

8. 評論人覺得課程目的和實施結果有落差，或者對教案設計的目的或實施有疑惑之處，宜提供指導。請注意，這些指導應該能改進課程設計者的目標設定，而不是以評論人的目標或方法取而代之。

提醒錯誤觀念

關於同儕評論的常見錯誤觀念和下列假定有關：我們應該評斷他人的工作，而他人也會評斷我們的工作。但是同儕評論的目的在於提供回饋和指導，而非評斷。

回饋和指導之間的區別幾乎普遍被誤解。不管常見的說法是什麼，回饋只是描述已發生過的事，而不是你對這些事情的感受如何或應該改變哪些部分。

因此，上述錯誤觀念造成同儕評論方面最常見的錯誤是，假定評論的過程應該要提供讚美和批評。其實，同儕評論最重要的應該是根據課程設計標準，正確指出教案設計的優缺點，以利課程設計者理解為什麼會得到一些改進的建議。

開始同儕評論

關於介紹同儕評論的想法

　　許多教師都不知道，根據課程設計標準來做同儕評論，指的是什麼。下列對學校或學區教師介紹課程設計標準和同儕評論程序的點子，請考慮採用：

1. 討論：為什麼需要在自己的工作中落實標準的應用（就如我們根據學科學習標準和實作表現標準，來評斷學生的學習）。

2. 利用「找出範例設計」的練習，鼓勵教師根據其經驗產生一套初步的課程設計標準。接著，根據教師訂出的標準，要求他們修訂這項練習。要教師們討論，使用具體陳述的標準來改進課程及評量的設計之益處。

3. 介紹及討論 UbD 設計標準。你可以選擇這套標準的一部分作為開始，然後以舉例的教案設計，示範這些標準的使用（如：測驗四——效度，採用製作「布景模型」的評量任務）。

4. 要求教師根據 UbD 標準，瀏覽單課計畫、單元計畫（類似「大草原的生活」）或評量任務，然後分享根據這套標準改進課程設計的方法。

5. 將同儕評論的程序，視為將標準應用到課程及評量設計工作之方法來介紹，然後概述這套程序的目標、結構、步驟、角色。

6. 瀏覽某個 UbD 單元教案，以示範同儕評論的程序。採用營養單元（「吃什麼，像什麼」）作舉例，或者從 ubdexchange.org 網站下載某個單元教案。然後討論評論人和課程設計者的角色（「魚缸式」程序很適合示範這角色）。

7. 剛開始時，徵求有興趣把自己的作品（單元或評量任務設計）提交同儕評論的志願者。

8. 在教師更熟悉、更適應同儕評論的程序之後，讓更多的教師參與。

左側標籤：範例　階段一　階段二　階段三　同儕評論　練習　作業單　詞彙

個別評論表

課程設計標準	優點	缺點
在多大程度上，這份教案的設計： 1. 聚焦在訂為課程內容的大概念之上？ 2. 圍繞主要問題來架構大概念？		
在多大程度上，評量策略對於期望的結果，提供了有效的、可靠的，以及足夠的證據？		
在多大程度上，學習計畫有效、有吸引力？		
在多大程度上，整個單元的設計是一致的、三個階段的設計都相連結？		

小組評論表

課程設計標準	回饋	指導
在多大程度上，這份教案的設計： 1. 聚焦在訂為課程內容的大概念之上？ 2. 圍繞主要問題來架構大概念？		
在多大程度上，評量策略對於期望的結果，提供了有效的、可靠的，以及足夠的證據？		
在多大程度上，學習計畫有效、有吸引力？		
在多大程度上，整個單元的設計是一致的，三個階段的要素都相連結？		

範例　階段一　階段二　階段三　同僚評論　練習　作業單　詞彙

練習

重理解的課程設計──專業發展實用手冊

什麼是範例的學習經驗設計？

1. 回想你體驗過的許多設計良好的學習活動，包括校內和校外的學習。作為學習者，哪些是你曾經歷過的最佳學習經驗？其設計有哪些特徵——排除教師的風格或你的興趣，使得學習活動如此有吸引力、如此有效（課程設計的要素包括給予的挑戰任務、教學活動順序、提供的學習資源、指定作業、評量策略、分組方式、學習的場所、教師的角色等）？

   請簡要敘述其課程設計。

2. 在與同事分享你的回憶和分析之後，請列出隨著小組分享產生的一套通則。這些設計良好的學習經驗有哪些共通之處？換言之，就學生會有最大程度吸引力和效用的任何學習活動而言，哪些要素必須透過課程設計來嵌入？

   最佳的學習經驗設計：

   1. _____
   2. _____
   3. _____
   4. _____
   5. _____
   6. _____
   7. _____

範例　階段一　階段二　階段三　同儕評論　練習　作業單　詞彙

什麼是範例的學習經驗設計？（續）

3.在你的學校裡，何處最可能看到這些最佳設計課程的特徵被實踐？和其他的課程或學科相比較，我們最期望在哪些課程和學科領域看到這些特徵？是否有任何模式存在？如果有的話，為什麼？

階段一
階段二
階段三
同儕評論
練習
作業單
詞彙

4.在研究過課程單元設計的樣本和你自己的教案設計之後，適當地修正或修改你所列出的最佳學習經驗設計之特徵：

最佳的學習經驗設計：

1._____
2._____
3._____
4._____
5._____
6._____
7._____
8._____
9._____
10._____

最佳課程設計之特徵

　　請利用此組體，根據三階段的逆向設計將最佳課程設計之特徵加以分類。你注意到哪些模式？

階段一：期望的學習結果

階段二：評量結果的證據

階段三：學習計畫

對「理解與課程設計」的思考

說明：選擇下列一則你贊同的或有共鳴的引用語，說明你為什麼喜歡這段引句，然後，舉例說明其涵義——如果可能的話。

1. 「從考慮目的入手，意味著一開始就清楚了解你的方向。這表示你知道自己要往何處去，以利更了解自己現在身在何處，而這能使你所採取的步驟總是方向正確。」
   ——Stephen Covey，《與成功有約》

2. 在課程設計過程應用逆向設計法，有助於避免活動導向教學和內容導向教學的孿生之惡。

3. 理解：「在新的情境中，以適當方式應用事實、概念，以及技能之能力。」
   ——迦德納（Howard Gardner）博士

4. 如果教科書呈現的是答案，那麼我們應該探索產生這些答案的問題。

5. 「課堂評量的基本目的是告知教學結果和改進學習，不是把學生分類篩選或證明評分合理。」
   ——Jay McTighe 和 Steven Ferrara
   《評量課堂中的學習》

6. 教師的基本職責是在學科中發現重要概念，而不是按教科書內容教學。

7. 聞言易忘，過目不忘，親為則悟。
   （I hear, I forget. I see, I remember. I do, I understand.）
   ——中國諺語
   （譯註：此段英譯出自哪一原典尚待查考。）

想法……

_____
_____
_____
_____
_____
_____
_____
_____
_____
_____
_____
_____
_____
_____
_____
_____
_____
_____
_____
_____
_____
_____
_____

練習

對理解的思考

說明：選擇下列一則你贊同的或有共鳴的引用語，請明你為什麼喜歡這段引句，然後，舉例說明其涵義——如果可能的話。

1. 教育：有智慧的人藉它彰顯自己，愚笨的人則藉它偽裝自己的欠缺理解力。
  ——Ambrose Bierce（1842-1914），《魔鬼的字典》
  （*The Devil's Dictionary*）

2. 在理解力最弱時，我們會長時間累積自己的意見。　　——G. C. Lichtenberg（1742-99）
  《格言集》（*Aphorisms*），「筆記 H」，格言第四則

3. 「理解：領會（某件事物）的意義或領會其重要性。徹底熟悉某項技藝……能夠適當地操作（它）。」　　——《牛津英文辭典》
  （*The Oxford English Dictionary*）

4. 只有在教育的領域，才將知識視為基本上是資訊的儲存；在農民、水手、商人、醫師，或者科學家的生活中，都沒有這種看法。
  ——杜威（John Dewey），《民主與教育》
  （*Democracy and Education*）

5. 「知識教育的目的不在於重複或保留現成的事實資訊，在學習的過程中，獨力精熟事實資訊會有耗費時間的風險……如果某個實驗不是由自己在充分自主之下進行的，在定義上，這只是沒有教育價值的練習而已。」
  ——皮亞傑（Jean Piaget），〈數學教育〉
  （Mathematical Eduction）

6. 有許多不同的方法可以獲得理解，這些方法相互重疊卻不相互減損。相對應地，理解的教學也有許多不同的方法。
  ——J. Passmore，《教學的哲學》
  （*The Philosophy of Teaching*）

想法……

_____
_____
_____
_____
_____
_____
_____
_____
_____
_____
_____
_____
_____
_____
_____
_____
_____
_____
_____
_____
_____

反省逆向設計的過程

1. 課程設計的實例在逆向設計「之前」和「之後」的版本，有何異同？

2. 在多大程度上，範例所呈現的逆向設計法反映了你的學校或學區之中教師設計課程的方法？而且也反映了你自己的設計過程？

3. 以範例所舉例說明的 UbD 逆向設計版本為準，你認為以這種方式設計課程，有哪些部分會很有挑戰性？

反省逆向設計的過程——第二版

1.請列出在不同情況之下的逆向課程設計實例（如：旅遊計畫）。

❑ _____

❑ _____

❑ _____

❑ _____

2.請考慮某個課程設計的實例，其失敗之處在於，未思考課程目標以致產生問題或產生無效的結果。請簡要描述該情況。

3.請和小組同儕討論所舉的實例，這些實例顯示哪些關於逆向設計的通則？

解讀學科學習標準的練習

在所有學科領域都能進行批判式閱讀（PA 1.2.5 五年級）

1. 就所有學科領域，閱讀及理解資訊文本和文獻的主要內容：
   (1)分辨整個文本中的事實和意見。
   (2)分辨不同文本中的主要資訊和非主要資訊，找出其表達的刻板印象和浮誇陳述。

寫作的類型（PA 1.4.5 五年級）

3. 以陳述清楚的立場或意見、支持的細節，以及必要的參考文獻引用，寫出勸說文。

4.9 環境的法規（PA 4.9.7 七年級）

1. 說明環境法規的角色
   (1)請找出環境法規並加以說明（如：空氣清淨法、水清潔法、資源回收暨廢棄物減量法、第二十六號農業教育法）。
   (2)說明州和地方主管機關在執行環境法規方面的角色（如：環境保護部、農業部、荒野活動委員會）。

期望的學習結果	
列出學科領域和學科內容標準的編號。	**G**
理解	**U**
學生將理解……	
主要問題	**Q**

對理解的思考

你認為「理解」的意義是什麼？哪些是你想找出的理解證據？
請思考理解一詞的不同用法，然後在下半頁的空白處寫出你的想法。

1. 「男人不了解女人！」

2. 「他知道歷史事實，但不了解其意義。」

3. 「雖然我不同意，但我可以理解相反的看法。」

4. 「直到應用之後，我才了解。」

5. 「這裡有人懂法文嗎？」

6. 「我完全了解，這時她需要聽到的是什麼。」

7. 「她知道答案，但不知道為什麼那是正確的。」

8. 「祖父所說關於大蕭條時期的故事，幫助我們了解儲蓄的重要性。」

9. 「我現在了解，自己過去錯了。」

獲得理解的人……

_____

_____

_____

_____

_____

_____

_____

_____

_____

如何知道自己理解了？

第一部分——你如何定義「理解」？「真正理解」和「懂了」的意義是什麼？

理解：

第二部分——哪些是真正理解某個學科的具體指標（相對於只是知道重要的事實）？根據你的定義，哪些是評量理解的策略？獲得理解的人能做哪些只有知識的人——即使知識很多——所做不到的事？

理解的指標	有知識而未理解的指標

重理解的教學之可觀察指標

對於以重理解的教學為常態，不以重「內容」或重「活動」的教學為常態而言，哪些是你期望在課堂中看到的現象？請在下方列出這些可觀察的指標（「想看到的現象」）。

1. _____

2. _____

3. _____

4. _____

5. _____

6. _____

7. _____

8. _____

9. _____

10. _____

11. _____

12. _____

範例

階段一

階段二

階段三

同儕評論

練習

作業單

詞彙

UbD 成效指標

　　如果重理解的教學和評量是常態，你會觀察到哪些現象？哪些是教師目前所理解的現象，這些理解如何顯現？對於 UbD 有成效或其應用有進展，請在下列空白處列出具體可觀察的指標。

課堂方面：

學校方面：

學區方面：

範例

階段一

階段二

階段三

同儕評論

練習

作業單

詞彙

評估進行 UbD 革新行動的條件：力場分析

請利用下列矩陣來評估，支持和抗拒有計畫的革新之兩方力量。

	課程	評量	教學	教師發展	資源	政策	其他：
⊕ 支持的力量							
⊖ 抗拒的力量							

對教師的評估：準備好？有意願？有能力？

寫出符合下列各類型教師的人數百分率，然後針對各類型教師，考慮可能需要的不同行動和策略。

	他們理解嗎？	他們願意嗎？	他們有能力嗎？
是			
尚未			
不可能			

哪些模式很明顯？　　　⬇　　　它們有哪些涵義？

可能的行動：
_____
_____
_____
_____
_____
_____
_____
_____
_____

「對，但是……」──回應可預測到的擔心事項

UbD 之提倡者常常面對同事所提出、可預測到的擔心事項（「對，但是……」）。下列練習的目的在幫助你針對可能的反對意見，備妥經過深思之後的回應。

第一部分──從下列選擇一則擔心事項（或加上一則你自己的），對如何回應該關切事項產生想法，然後記錄在下列方格中。

第二部分──與選擇同一擔心事項的同事組成小組，分享所想到的回應方式。

我想要實施重理解的教學及評量，但是……

1. 我應該要依據州定的及學區定的課程標準和課程基準來教學。
2. 這套方法花費太多時間，而我要教的課程內容太多。
3. 我應該對學生在膚淺的州測驗上的表現負責。
4. 我是「技能科」教師，而且學生必須先熟練基本技能。

我想要應用 UbD 的方法設計課程，但是……

5. 這套方法的要求太多，我不可能用在所有的教學內容上。
6. 我的職責不是發展課程，此外，我已經有教科書可用。
7. 我不懂得如何做這種課程設計工作。
8. 我已經在做課程設計了。
9. 其他：＿＿＿＿＿＿＿＿＿＿＿＿＿＿＿＿＿＿＿＿＿＿＿＿

你的回應：＿＿＿＿＿＿＿＿＿＿＿＿＿＿＿＿＿＿＿＿＿＿
＿＿＿＿＿＿＿＿＿＿＿＿＿＿＿＿＿＿＿＿＿＿＿＿＿＿＿
＿＿＿＿＿＿＿＿＿＿＿＿＿＿＿＿＿＿＿＿＿＿＿＿＿＿＿
＿＿＿＿＿＿＿＿＿＿＿＿＿＿＿＿＿＿＿＿＿＿＿＿＿＿＿
＿＿＿＿＿＿＿＿＿＿＿＿＿＿＿＿＿＿＿＿＿＿＿＿＿＿＿
＿＿＿＿＿＿＿＿＿＿＿＿＿＿＿＿＿＿＿＿＿＿＿＿＿＿＿

行動計畫

期望的學習結果	成效證據	行動	負責人員	所需資源

採取行動

說明：根據這次工作坊所學，哪些是我應該……

開始做的事：

停止做的事：

減少做的事：

更多做的事：

範例

階段一

階段二

階段三

同儕評論

練習

作業單

詞彙

最佳學習經驗設計的特徵
（根據對全國幼稚園到高中教師所做的調查結果）

㈠期望

1. 提供明確的學習目標和期望的實作表現。
2. 根據真實的、有意義的實作來闡述學習目標。
3. 圍繞著真實的問題和有意義的挑戰任務來組織教學。
4. 就期望的實作表現，呈現模式和實例。

㈡教學

1. 教師扮演引導者和教練的角色，協助學生學習。
2. 提供有目標的教學和相關資源，以使學生具備期望的實作能力。
3. 教科書是許多教學資源之一（如：課本是教學資源，不是課程大綱）。
4. 教師透過探索主要問題，以及真實應用知識和技能，來「發現」重要的概念和程序。

㈢學習活動

1. 透過各種不同的活動和方法來適應學生的個別差異（如：學習風格、技能程度、興趣）。
2. 提供一系列不同的學習方法，讓學生有一些選擇（如：分組學習和個別學習的機會）。
3. 學習活動是活潑的、經驗式的，以幫助學生建構意義。
4. 「示範─操作─回饋─修正」的循環，能使學習方法有所依據。

㈣評量

1. 實踐目標或實踐標準沒有什麼秘訣可言。
2. 診斷式評量旨在查核先備知識、技能程度、錯誤觀念。
3. 學生透過真實的應用，證明其理解能力（如：知識和技能的真實應用、實質的作品、目標對象）。
4. 評量的方法符合成就目標。
5. 學生有機會嘗試錯誤、反省、修正。
6. 學生被期望能自我評量。

㈤順序和連貫

1. 先吸引學生興趣，然後使學生沉浸在真實的問題、議題，或者挑戰之中。
2. 以漸增的複雜度，在整體和部分之間來回轉移。
3. 以可行的增加量架構學習的鷹架。
4. 提供需要的教學，不會一開始就針對基本知識過度教學。
5. 重溫概念：要學習者重新思考及修正稍早所學的概念和學習內容。
6. 有彈性（如：回應學生的需要、修正課程計畫以達成目標）。

「理解教學」的可觀察指標

　　「重理解的教學」看起來狀況如何？當課堂實施重理解的教學時，我們可以期望看到哪些現象？以下所列包括了 Grant Wiggins、Jay McTighe，以及 Elliott Seif 等人所發展的可觀察指標。

㈠單元及課程設計

1. 單元及課程反映了一致的設計，大概念和主要問題能明確引導和連結評量、教學、學習活動。
2. 在設計的過程中，大概念和主要問題之間有清楚的區分，對於學習大概念和回答主要問題所需的知識和技能，也都明白指出。
3. 多元的評量方式能允許學生以各種方式證明其理解結果。
4. 教學和評量反映了理解的六個層面，其設計能提供學生機會來說明、詮釋、應用、提出觀點、發揮同理心，以及檢視對自我的認識。
5. 對理解的評量以真實的實作任務為依據，要求學生證明其理解並且應用知識和技能。
6. 對於學生學習結果和實作表現的教師評量、同儕評量、自我評量，包括了明確的效標和實作表現標準。
7. 單元或課程之設計能使學生重溫重要的概念並加以思考，以深化其理解。
8. 建議使用各種教學資源，教科書只是許多資源中的一種（替代課程大綱）。

㈡教師……

1. 在單元或課程開始時，告知學生大概念、主要問題、實作表現的要求、評量的效標。
2. 讓學生在檢視及探索大概念和主要問題之時，吸引及維持學生的興趣。
3. 為促進學生對教材的深入理解，採用各種教學策略，並與學生互動。
4. 增進學生對意義的積極建構（而非只是「講述」）。
5. 促進學生解讀自己的思考——說明、詮釋、應用、提出觀點、發揮同理心、檢視對自我的認識（融入六個理解層面）。

「理解教學」的可觀察指標（續）

6. 利用發問、探究，以及回饋來刺激學生反省和重新思考。

7. 教導基本知識和技能，以幫助學生發現大概念和探索主要問題。

8. 利用得自持續評量的資訊，以針對引導重新思考和修正教學，提供回饋。

9. 利用得自持續評量的資訊，在整個教學過程中針對理解和錯誤觀念，進行查核。

10. 利用各種教學資源（不只是課本）來促進學生理解。

㈢**學生**……

1. 能敘述單元的或課程的目標（大概念和主要問題），以及實作表現的要求。

2. 能說明學習的內容是什麼並解釋原因（如：為什麼今日的學習和更大的目標有關）。

3. 在單元一開始時就被吸引，並且在整個單元之中都專注學習。

4. 能說明將用來評量其學習結果的效標。

5. 專注於學習活動，以利學習大概念和回答主要問題。

6. 專注於能促進說明、詮釋、應用、採取觀點、發揮同情心，以及自我認識的活動（六個理解的層面）。

7. 證明正在學習作為大概念和主要問題之基礎的背景知識和技能。

8. 有提出相關問題的機會。

9. 對自己的學習和答案，能加以說明並證實其合理。

10. 根據既有的效標和實作表現標準，參與自我評量和同儕評量。

11. 利用效標和評分指標來引導及修正學習。

12. 根據回饋來設定相關的學習目標。

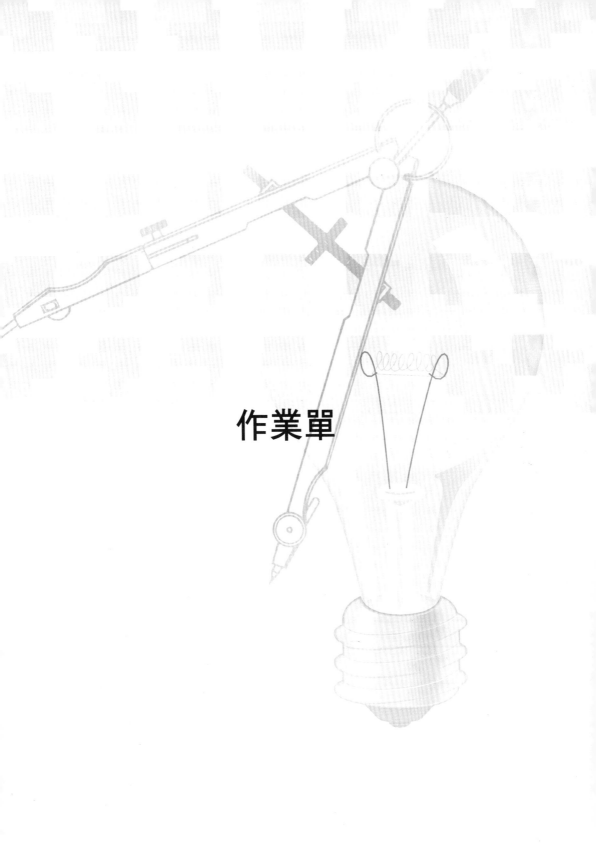

作業單

範例

階段一

階段二

階段三

同儕評論

練習

作業單

詞彙

UbD 技術的自我評量

1. 說明：就下列每個要素勾選適當方格，以表示你的專業技能程度。

	新手			專家
(1)專精課程內容	❏	❏	❏	❏
(2)使用概念本位的、探究的課程	❏	❏	❏	❏
(3)設計概念本位的、探究的課程	❏	❏	❏	❏
(4)利用既有的主要問題	❏	❏	❏	❏
(5)設計主要問題	❏	❏	❏	❏
(6)利用既有的實作任務	❏	❏	❏	❏
(7)設計實作任務	❏	❏	❏	❏
(8)利用既有的評分指標	❏	❏	❏	❏
(9)設計評分指標	❏	❏	❏	❏

2. 說明：在下列連續線做記號以表示你的偏好。

課程設計的偏好

協同式設計--獨力工作

依循有結構的、有順序的過程------------------------------以非線性方式來回轉移

從專家和同儕尋求回饋------------------------------------信任自己對工作的直覺

參與式自我評量——第一部分

職位：＿＿＿＿＿＿＿＿＿＿ 任教科目及年級：＿＿＿＿＿＿＿＿＿＿＿＿

個人剖繪

1. 專業工作的年資：

   ❏ 0-5　　　　　❏ 6-12　　　　　❏ 13-20　　　　　❏ 大於 20 年

2. 自我評量——課程設計者的技能：

   (1)我擅長設計有知識的、有意義的教師主導之課堂學習（或講述、或討論）。

   ❏ 高度擅長　　　❏ 很擅長　　　　❏ 有點擅長　　　❏ 稍微擅長

   (2)我擅長為學生設計有吸引力的、自我導向的，以及有效的學習活動。

   ❏ 高度擅長　　　❏ 很擅長　　　　❏ 有點擅長　　　❏ 稍微擅長

   (3)我擅長針對課程目標設計有效的、可靠的評量策略。

   ❏ 高度擅長　　　❏ 很常擅長　　　❏ 有點擅長　　　❏ 稍微擅長

3. 我有足夠的課程設計專長，能讓課程要素（目標、評量、課堂教學）完全連結，並以理解為焦點。

   ❏ 非常同意　　　❏ 同意　　　　　❏ 不同意　　　　❏非常不同意

4. 我透過分析學生對教學活動、課堂教學，以及學習的書面反應意見，找出對自己教學的回饋。

   ❏ 每週或更頻繁　❏ 每隔幾週　❏ 每年幾次　❏ 每年一次　❏ 從未

5. 對即將實施的教學活動，我利用學習評量的結果和學生回饋，調整我的教學設計。

   ❏ 每週或更頻繁　❏ 每隔幾週　❏ 每年幾次　❏ 每年一次　❏ 從未

6. 我知道有哪些因素可構成在地的「最佳實務」（透過教師分享、課程地圖）。

   ❏ 充分知道　　　❏ 知道　　　　　❏ 有點知道　　　❏ 不知道

7. 在所負責領域的專業方面，我知道有哪些因素可構成在地的「最佳實務」。

   ❏ 充分知道　　　❏ 知道　　　　　❏ 有點知道　　　❏ 不知道

8. 對於哪些因素構成教育方面的「最佳實務」，我的興趣是：

   ❏ 非常有興趣　　❏ 有興趣　　　　❏ 有點興趣　　　❏ 沒興趣

參與式自我評量——第二部分

對課程設計的看法

1. 如果認識自己的學科和所教學生，又身為有技巧的班級教師，成為極好的課程設計者是一點也不重要的事。

   ❏ 非常同意　　❏ 同意　　❏ 不確定　　❏ 不同意　　❏ 非常不同意　　❏ 沒意見

2. 大多數教師都不是有高度技巧的課程設計者，因此課程設計的彎生之惡很常見（若非有趣的活動其認知價值很低，就是涵蓋內容卻無明確目標或優先順序）。

   ❏ 非常同意　　❏ 同意　　❏ 不確定　　❏ 不同意　　❏ 非常不同意　　❏ 沒意見

3. 外部的要求（測驗、績效制度）侷限了教師設計優良課程的能力，也限制了實施理解的教學之能力。

   ❏ 非常同意　　❏ 同意　　❏ 不確定　　❏ 不同意　　❏ 非常不同意　　❏ 沒意見

4. 教師們強烈認為，外部的要求限制了教師的課程設計選擇權和教學自主，但這種想法有無事實根據則不確定。

   ❏ 非常同意　　❏ 同意　　❏ 不確定　　❏ 不同意　　❏非常不同意　　❏ 沒意見

5. 我們用於協同課程設計、學習小組，以及行動研究的時間有限，但是大多數教師並未保留及利用可用的時間，以確保做好良好的計畫、設計、行動研究。

   ❏ 非常同意　　❏ 同意　　❏ 不確定　　❏ 不同意　　❏ 非常不同意　　❏ 沒意見

6. 在練習時所找出的優質課程設計之特徵，對在地課程設計之自我評量和同儕評量，提供了紮實的基礎。

   ❏ 非常同意　　❏ 同意　　❏ 不確定　　❏ 不同意　　❏ 非常不同意　　❏ 沒意見

7. 我在這裡是因為我真的想要參加，我期望學到一些有價值的事物。

   ❏ 非常同意　　❏ 同意　　❏ 不確定　　❏ 不同意　　❏ 非常不同意　　❏ 沒意見

8. 無論是否很高興來這裡，我都了解專業發展在課程及評量設計方面的必要性。

   ❏ 非常同意　　❏ 同意　　❏ 不確定　　❏ 不同意　　❏ 非常不同意　　❏ 沒意見

　　　　　　　　　　　　　　　　　　281

UbD 工作坊課程地圖

下列有標示的方格（例如 U、Q）指的是 UbD 範例中的各欄，每個橢圓形中的概念則代表該課程設計階段的大概念。因此，這幅圖解對於即將進行的工作，提供了一幅地圖。

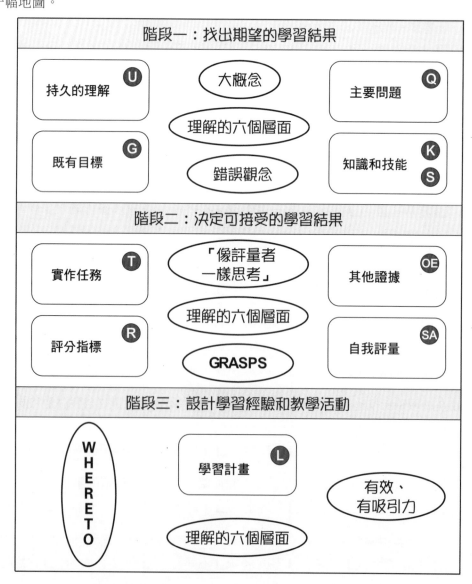

設計過程的起點

重要的主題
或
課程內容

1. 哪些大概念是本單元強調的或會從學習過程中出現？
2. 為什麼此主題很重要？

既有目標
或
學科學習標準

1. 哪些大概念內含在課程目標之中？
2. 學生需要理解什麼，以利真正學習此單元？

重要的技能
或
程序

1. 這項技能使學生有什麼樣的表現？
2. 學生需要理解什麼，以利有效應用該技能？

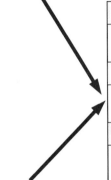

階段一：期望的學習結果

階段二：評量結果的證據

階段三：學習計畫

1. 學生需要理解什麼，以利在該測驗有優良表現？
2. 還需要哪些其他的學習證據？

1. 在這項活動或單元結束之後，學生應理解哪些大概念？
2. 需要哪些理解的證據？

1. 我們到底為什麼要求學生閱讀此課本或使用這項資源？
2. 我們要學生在學習之後理解哪些大概念？

重要的測驗

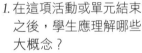

最偏好的活動
或
熟悉的單元

關鍵的課本
或
學習資源

範例

階段一

階段二

階段三

同儕評論

練習

作業單

詞彙

澄清 UbD

說明：在以下兩欄加入具體說明，以反映你所理解的 UbD 是什麼、不是什麼。

UbD 是	UbD 不是

連結 UbD 的大概念

說明：請畫線表示 UbD 其大概念之間的連結，然後準備說明你所做的連結。

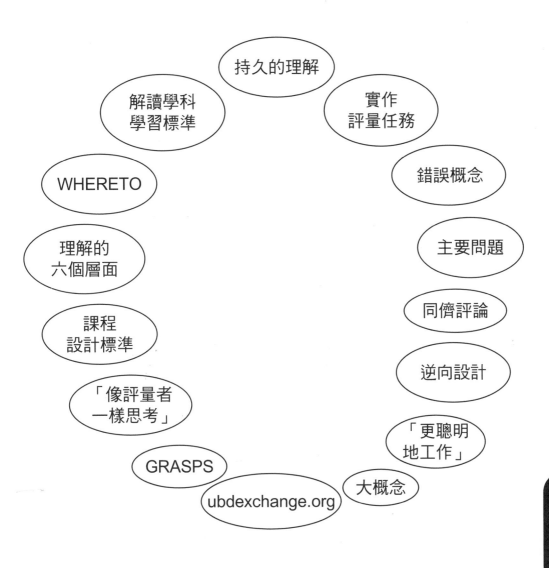

UbD 之井字遊戲

說明：選擇構成一條直線的三個概念，然後利用這些概念建構UbD的通則，並寫在頁底空白處。變化：任選兩個或三個概念。

大概念	持久的理解	主要問題
GRASPS	逆向設計	理解的六個層面
課程設計標準	ubdexchange 網站	WHERETO

通則：＿＿＿＿＿＿＿＿＿＿＿＿＿＿＿＿＿＿＿＿

給一得多

說明：在第一個方格中簡單摘要關於＿＿＿＿＿＿＿＿＿＿＿的想法，然後與其他同
儕分組分享之後，在其餘的空白方格記下別人的想法。

範例

階段一

階段二

階段三

同儕評論

練習

作業單

詞彙

UbD 之比較

說明：利用下列范恩圖比較兩方之差異，例如理解的六個層面和布魯敏的教育目標分類，或者 UbD 和「學習的層面」之類的其他方法。

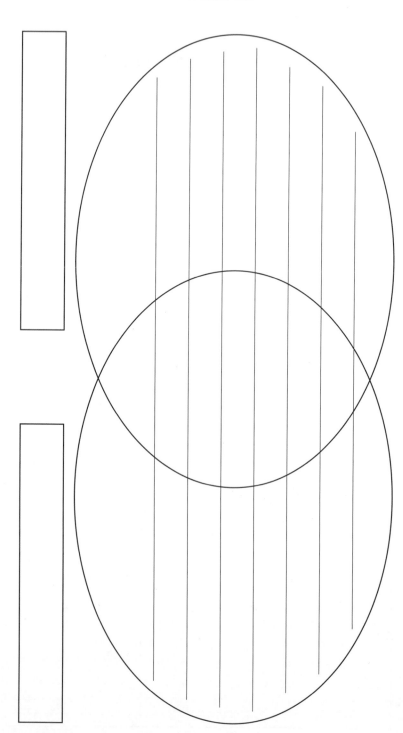

評量你的理解

說明：利用下列提示定期評量你對工作坊課程內容的理解。

階段一

我真的理解_____

_____

_____

我尚未理解_____

_____

_____

階段二

我真的理解_____

_____

_____

我尚未理解_____

_____

_____

階段三

我真的理解_____

_____

_____

我尚未理解_____

_____

_____

範例

階段一

階段二

階段三

同儕評論

練習

作業單

詞彙

對 UbD 的反省——版本一

哪些新的問題被提出？

我計畫採取哪些行動？

我產生了哪些大概念？

我體驗到哪些些感受？

對 UbD 的反省——版本二

你有哪些問題或關切事項？

對你的工作有哪些涵義？

這節課有哪些關鍵重點或大概念？

哪些是你清楚理解的事項？

對 UbD 的反省——版本三

哪些既有的資源可以支持 UbD？

哪些重要問題需要被回答？

我已經具備哪些支持 UbD 應用的能力？

接下來我能採取哪些步驟？

綜合活動

說明：

1. 個別活動──瀏覽你的講義、筆記、問題，找出兩、三個因為參加這段課程而產生之有用的或有趣的想法。

---

2. 小組活動──與小組成員分享你的想法並傾聽他們的想法。將新的想法寫在下列空白處。

範例

階段一

階段二

階段三

同儕評論

練習

作業單

詞彙

範例

階段一

階段二

階段三

同儕評論

練習

作業單

詞彙

行動計畫

期望的學習結果	成效證據	行動	負責人員	所需資源

採取行動

說明：根據這次工作坊所學，哪些是我應該……

開始做的事：＿＿＿＿＿＿＿＿＿＿＿＿＿＿＿＿＿＿
＿＿＿＿＿＿＿＿＿＿＿＿＿＿＿＿＿＿＿＿＿＿＿＿＿＿
＿＿＿＿＿＿＿＿＿＿＿＿＿＿＿＿＿＿＿＿＿＿＿＿＿＿

停止做的事：＿＿＿＿＿＿＿＿＿＿＿＿＿＿＿＿＿＿
＿＿＿＿＿＿＿＿＿＿＿＿＿＿＿＿＿＿＿＿＿＿＿＿＿＿
＿＿＿＿＿＿＿＿＿＿＿＿＿＿＿＿＿＿＿＿＿＿＿＿＿＿

減少做的事：＿＿＿＿＿＿＿＿＿＿＿＿＿＿＿＿＿＿
＿＿＿＿＿＿＿＿＿＿＿＿＿＿＿＿＿＿＿＿＿＿＿＿＿＿
＿＿＿＿＿＿＿＿＿＿＿＿＿＿＿＿＿＿＿＿＿＿＿＿＿＿

更多做的事：＿＿＿＿＿＿＿＿＿＿＿＿＿＿＿＿＿＿
＿＿＿＿＿＿＿＿＿＿＿＿＿＿＿＿＿＿＿＿＿＿＿＿＿＿
＿＿＿＿＿＿＿＿＿＿＿＿＿＿＿＿＿＿＿＿＿＿＿＿＿＿

範例
階段一
階段二
階段三
同儕評論
練習
作業單
詞彙

範例

階段一

階段二

階段三

同儕評論

練習

作業單

詞彙

詞彙

範例

階段一

階段二

階段三

同儕評論

練習

作業單

詞彙

詞彙

更詳細的詞彙說明請見《重理解的課程設計》一書

analytic rubric（分析式評分指標）

實作表現的特點分析評分法涉及到，在評分工作上應用個別的效標（相對於整體式評分法及評分指標），通常針對每個關鍵效標有分開的評分指標。事實上，一項實作表現會被評量數次，每次都用上某個個別效標「透鏡」。例如，利用分析式評分指標來評量小論文時，教師可能會評量五個特點：內容組織、細節陳述、注意對象、說服力、體例。因此，分析式評分法和整體式評分法是相對的，後者在評分時會對某項實作表現形成整體印象。

application（應用）

應用是理解的六個層面之一，其所屬的理解證據為，在多元的新情境中利用知識和技能的能力。

assess, assessment（評量）

依據特定目標和標準，徹底地、有方法地分析學生的學習成果。評量的技術包括正式測驗、展示、晤談、調查、觀察等，有效的評量需要考慮技術上的平衡，因為各種技術都是有限制的、容易犯錯的。有時評量被視為「評鑑」的同義詞，雖然二者有細微差別。例如，教師不針對學生的某項表現下判斷或給分數，同樣可以評量學生的長處和短處。

authentic assessment（真實評量）

真實評量任務的設計，是為了模擬或複製真實世界中的重要挑戰，這類評量任務以真實的目的、真實的對象，以及真實的限制來建立實際的情境。因此，評量之所以真實（例如，問題的「雜亂度」、尋求回饋及修正的能力、取得適當資源的機會），是由於評量的情境，而不只是由於評量任務本身，以及評量任務是否為實作本位或實地操作。

backward design（逆向設計）

設計課程或課程單元的方法，此方法以考慮學習結果作為開始，然後朝向該結果做設計。為什麼這類看起來似乎合邏輯的過程被視為是「逆向的」？因為許多教師從教科書、偏好的單課教學，以及歷史悠久的活動來開始單元課程的設計，而不是從瞄準的目標或課程標準來著手。在逆向設計的過程中，個體會從學習結果——期望的結果（目標或標準）——開始，然後找出必備的證據來決定應達到的學習結果——亦即評量。在具體指定學習結果和評量方式之後，個體將決定必備的（有用的）知識和技能，以及決定使學生準備能力表現所需的教學。

Big Idea（大概念）

大概念是指可遷移的概念、原理、理論，這些都應該作為課程、教學，以及評量的焦點。大概念有助於連結個別的事實和技能，它們會透過下列一種以上的形式來揭露：概念（如：適應）、主題（如：非人道對待）、議題或辯論主題（如：開放對保守）、弔詭之處（如：富足中的貧窮）、過程（如：寫作的程序）、真實問題（如：選民的冷漠）、理論（如：大天命）、基本假定（如：市場是理性的）、不同觀點（如：恐怖主義者對自由鬥士）。

criteria（效標）

學習上的實作表現，或者作品為達到某個標準而必須符合的品質。「什麼是效標？」的問題和下列問題是一樣的：「在檢視學生的作品或實作表現時，我們應該尋找哪些重點，以知道學生的學習是否成功？教師如何決定什麼是可接受的作品？」

範例　階段一　階段二　階段三　同儕評論　練習　作業單　詞彙

有四種不同類型的效標常常出現在所有複雜的實作表現之中：「內容效標」是指所用知識和技能的適合度、適當性、正確性；「過程效標」是指在實作表現的過程中或準備過程中所採取的策略、程序、態度或方法，例如：學習有效率嗎？學習方式流暢平穩嗎？學生很用心表現嗎？「品質效標」是指注意到細節、修飾、技藝，例如：報告內容是否有條理？演說是否表達良好？實驗報告是否內容無誤並且遵循適當的格式？「結果效標」顯然是所謂實作表現的核心，例如：實作表現有用嗎？無論學生的努力、態度、方法，哪些是實作表現的成效或結果？對特定的效標可以加權，以表示其相對重要性。

curriculum（課程）

為彰顯課程大綱條列的某些課程標準之綱要，而設計的明確綜合計畫。因此，課程是由許多單元所組成的所學科目或完整計畫。

design（設計）

設計是指計畫某件事物的形式和結構，或者計畫某個藝術作品的模式或主題。在教育界，就這兩種意義而言，教師都是設計者，其目標在發展有目的的、有條理的、有效的，以及吸引學生的單課計畫、課程單元、學習的科目及其伴隨的評量，以達到事先確認的結果。

diagnostic assessment（診斷式評量）

在教學之前進行的評量，以查核學生的先備知識，以及找出學生的錯誤觀念、興趣或學習風格偏好。診斷式評量能提供資訊協助教師設計教學，並指引其因材施教。

Enduring Understanding（持久的理解）

持久的理解是指重要的概念或核心程序，它們是學門知識的核心、能遷移到新的情境，以及具有超越課堂的持續價值。在考慮某個單元或科目的持久理解時，教師應該要問：「當學生已遺忘細節的幾年之後，哪些是我們要學生理解和表現的知能？」

empathy（同理心）

理解的六個層面之一，意指「設身處地」的能力，以及脫離自己的情緒反應而能領會他人情緒的能力。

Essential Question（主要問題）

主要問題反映了學習領域之中最悠久的重要議題、重要問題、重要論辯，例如：歷史是否都有無可避免的偏見？什麼是證明？這是天生的或後天養成的？藉由檢視這些問題，學生會專注於像專家一樣地思考（如：「活用」學科）。主要問題是沒有單一正確答案的開放式問題，它應該刺激探究、刺激辯論、刺激更進一步的問題，並且經過一段時間之後能被重新檢視。主要問題的設計要能激發學生思考，使學生專注於有焦點的持續探究，以及使學生累積有意義的實作表現。

explanation（說明）

理解的六個層面之一，它要求提出適度複雜的解釋和理論，而這些解釋和理論能對事件、行動，以及概念做出有知識的合理闡述。

facets of understanding（理解的層面）

UbD 提出了六種類別的理解：說明、詮釋、應用、同理心、觀點、自我認識。理解（或缺乏理解）以不同的相互增強方式表達其內涵。換言之，學生愈能夠對相同的概念加以說明、應用、提供多重觀點，他們就愈能理解這個概念。

formative assessment（形成性評量）

　　持續的評量能針對改進學生的學習和表現，提供教師資訊以指引教學。形成性評量包括了正式的和非正式的方法，例如隨堂測驗、口頭問答、觀察，以及評論初步的作品。

guiding question（引導式問題）

　　有焦點又有吸引力的問題，這類問題能建構某個學習主題或學習單元。它代表了焦點更窄、內容更特定的主要問題形式。

holistic rubric（整體式評分指標）

　　用於對實作表現的品質得到整個印象的評分指標，通常會產生單一的分數。整體評分法和特點分析評分法的區別在於，後者就每項分開的效標使用分開的評分指標，以描述一部分的實作表現。

interpretation（詮釋）

　　理解的六個層面之一，包括能提供意義的詮釋、敘說、翻譯。

iterative approach（反覆的方式）

　　持續回到稍早所做工作的過程。「反覆的」同義詞有「再次發生的」、「循環的」、「螺旋的」（recursive、circular、spiral）。課程設計的過程總是反覆的：教師在繼續運用每項課程設計的要素時，會持續回到他們對於課程設計之後的結果、如何評量課程，以及應該如何教學的最初想法。

leading question（導入的問題）

　　用來作為知識教學、澄清知識或評量知識的問題。不像主要問題，導入的問題有直接的正確答案。

performance standard（實作表現標準）

　　實作表現標準描述具體的成就表現結果或水準，這些結果或水準被認為是範例或適當的標準。學科學習標準具體說明哪些是學生應該知道和表現的知能，實作表現標準則指出學生必須表現得多好。

perspective（觀點）

　　理解的六個層面之一，意指有批判力的、有洞察力的看法。當理解時，個體與所知的事物之間就能保持距離，以避免被迫捲入觀點之中和當下的激情之中。

prerequistie knowledge and skill（先備知識和技能）

　　為達成訂為目標的理解或順利完成終極的實作任務，所需要的知識和技能。

prompt（問答題）

　　開放式問答題（academic prompt），乃居於實作評量任務和簡答測驗或隨堂測驗之間的評量形式。它是開放式的書面實作測驗，例如計時回答的申論題。在定義上，這類問答題不是真實的任務，因為學校測驗通常會限制測驗項目、限制參考資料的取得、限制時間分配，以及限制學生相互交談的機會。

quiz（隨堂測驗）

　　任何的選項式測驗或簡答式測驗（口頭或書面），其唯一目的是評量個別的知識和技能。

reliable, reliability（可信的、信度）

　　在測驗與評量中，信度指的是得分的正確性。此分數充分無誤差嗎？如果重新測驗或者由其

301

範例

階段一

階段二

階段三

同儕評論

練習

作業單

詞彙

重理解的課程設計──專業發展實用手冊

他人來評量相同的學習表現，此分數或等第維持一致的可能性有多大？誤差是難以避免的：包括最佳的單選題測驗在內，所有的測驗都缺乏百分之百的信度。評量的目標是把誤差減少到可以忍受的程度。

在實作評量中，信度問題通常以兩種形式發生：(1)在多大程度上，我們可以從學生的單次或少數幾次實作表現，歸納其最可能的一般表現？以及(2)不同的評量者以相同方式觀察實作表現的可能性有多大？第二個問題涉及通常所稱的「評分者間信度」（inter-rater-reliability）。

rubric（評分指標）

效標本位的評分指南，能使評分者對學生的學習做出可靠的判斷，以及使學生能夠自我評量。評分指標的根據是實作表現品質的漸進差別，以及不同的可能給分之量表；評分指標確認要檢視及評量的關鍵特點或層面，並且針對每個評分（描述語）的層次列出關鍵特色，這些特色描述指出了必須達到的效標程度。

self-knowledge（自我認識）

理解的六個層面之一，與自我評量的正確性和察覺個人理解內容中的偏見有關，這些偏見受到偏好的探究風格、思考的習慣方式，以及未檢視過的信念所影響。有自我認識能力的學生會理解，有哪些概念是其理解的或不理解的。

task, performance task（實作任務）

實作任務是複雜的挑戰任務，它要求應用個人的知識和技能，以有效做出表現，或者創造能顯露個人理解程度或精熟度的作品。

template（範例）

給課程設計者的指南或架構。在UbD之中，對於發展或修訂課程單元，課程設計者會應用範例來處理逆向設計的不同要素。此範例的每一頁都包含了關鍵問題，以提示使用者考慮逆向設計的特定要素；此外，也包括了框格式的圖表組體，以記錄課程設計的想法。

transfer, transferability（遷移、可遷移性）

在新的情境或不同的情境中適當地、有效地使用知識的能力，這些知識來自於學習者最初習得的情境。

uncoverage（跨內容教學）

應用探究本位的方式進到深層的學習，在其中，學生藉由教師的協助和設計良好的學習經驗，發現意義、建構意義，或者推論出意義。對於理解抽象的、可能反直覺的概念，跨內容的教學有其必要。

unit（單元）

「學習單元」的簡稱，雖然沒有不容改變的標準定義，但是單元聚焦在大主題（如：南北戰爭）、主要過程（如：研究），或者學習資源（如：小說）之上，而且通常會持續數日或數週。

valid, validity（有效的、效度）

基於評量的結果，我們對於學生的學習所做的有信心之推論。這項測驗評量出想要評量的能力嗎？測驗結果和教師認為有效的其他學習結果表現，有相關嗎？如果測驗所有的教學內容，取樣的問題或評量任務會和學生的評量結果有正確的相關嗎？評量的結果是否有預測價值；亦即，評量結果是否和學生在這個學科的未來可能成就有相關？如果所有這些問題或其中部分的答案必為「是」，那麼該測驗就是有效的。

詞彙

國家圖書館出版品預行編目資料

重理解的課程設計──專業發展實用手冊／
Jay McTighe & Grant Wiggins 原著；
賴麗珍譯. --初版. --新北市：心理，2008.09
面； 公分. --（課程教學系列；41315）
譯自：Understanding by design:
professional development workbook
ISBN 978-986-191-179-3（平裝）

1.課程規劃設計 2.教學法 3.理解學習

521.74 97013966

課程教學系列 41315

重理解的課程設計──專業發展實用手冊

作　　者：Jay McTighe & Grant Wiggins
譯　　者：賴麗珍
執行編輯：高碧嶸
總 編 輯：林敬堯
發 行 人：洪有義
出 版 者：心理出版社股份有限公司
地　　址：231 新北市新店區光明街 288 號 7 樓
電　　話：(02) 29150566
傳　　真：(02) 29152928
郵撥帳號：19293172　心理出版社股份有限公司
網　　址：http://www.psy.com.tw
電子信箱：psychoco@ms15.hinet.net
駐美代表：Lisa Wu（lisawu99@optonline.net）
排 版 者：鄭珮瑩
印 刷 者：翔盛印刷有限公司
初版一刷：2008 年 9 月
初版十刷：2020 年 8 月
Ｉ Ｓ Ｂ Ｎ：978-986-191-179-3
定　　價：新台幣 360 元